남북통합목회의 물결
한반도의 복음화를 고대하는 목회전 비전의 결정판

남북통합목회의 물결

한반도의 복음화를 고대하는 목회적 비전의 결정판

정종기 하광민 김의혁 마요한 지음

추천사 1

복음으로 열매 맺게 해줄 통일의 겨자씨

통일은 한민족의 운명이다. 나아가 피 흘림 없는 복음적 평화통일은 한국교회의 기도 제목이며, 우리 민족에게 약속된 축복이다. 이를 위해 통일은 반드시 복음의 길을 통해서 열려야 한다.

본서는 우리의 통일이 정치나 경제적인 차원을 넘어 복음으로 열매 맺기를 소원하는 겨자씨다. 크지 않은 책이지만 앞으로 한국교회가 탈북민 교회와 함께 동역함으로 얻을 수 있는 풍성한 열매를 기대할 수 있다. 실로 우리 겨레의 소중한 미래가 페이지마다 담겨있다.

오정현 목사(사랑의교회 담임목사)

추천사 2

탈북민 목회의 업그레이드를 위한 디딤돌

　추천사를 써달라는 부탁에 이어 가편집본을 받았다. 처음에는 짐을 벗으려는 의무감에서 읽기 시작했는데 나도 모르게 점점 몰입하게 되었다. 다 읽고 나서 한국교회의 탈북민 목회 20년에 즈음해서 이와 같은 책이 나오게 된 것을 감사하는 기도를 드렸다. 이는 본서가 한국교회 탈북민 사역 20년의 응집본凝集本이라는 것을 의미한다.

　필자는 책을 읽을 때 중요한 부분에 자를 대고 붉은 줄을 그으며 읽는 습관이 있다. 이 책의 인쇄본 또한 온통 붉은 줄로 도배될 것이 분명하다.

　본서는 결코 쉽게 쓰이지 않았다. 저자들은 현장을 거쳤거나 아직도 그 자리를 지키고 있는, 혹은 한 발은 사역 현장에, 다른 한 발은 연구실에 딛고 있다. 즉 체험과 통찰력, 분석력을 겸비한 분들이다. 그런 분들이 짧지 않은 기간의 연구를 거쳐, 2021년 4월 16일에 공개세미나에서 일차 발표를 했고 그것을 보완하여 원고를 완성했다. 필자도 공개세미나 현장에 있었기에 이번에 원고를 읽으면서 얼마나 공들여 보강했는지 알 수 있었다.

필자에게 본서의 핵심 문장을 한 줄 택하라고 한다면 이 부분을 들겠다. "한국교회에 탈북민의 존재는 축복이다." 입남入南하는 탈북민의 숫자가 격감하고 있기에 더욱 그 부분에 눈이 가는지도 모르겠다. 축복을 축복으로 알고 감사하며 제대로 활용할 때 그 축복은 진정 빛을 발한다.

본서의 도래는 한국교회에 있어서 축복이다. 본서를 통해 한국교회의 탈북민 사역이 업그레이드되기를 바란다. 그렇게 되리라고 믿는다.

본서가 '통합'을 강조하듯 필자도 마찬가지다. "'통일'은 물리적으로 하나가 되는 것이고 '통합'은 화학적으로 하나가 되는 것이다. 독일은 통일을 이루는 데 성공했으나 통합을 이루는 데에는 절반의 성공에 머무른 탓에 부작용이 있다. 우리는 이를 타산지석으로 삼아야 한다. '통일'은 정부의 몫이다. 하지만 '통합'은 한민족을 위해 많은 기여와 봉사해 온 자랑스러운 전통을 보유한 한국교회가 책임지고 감당해야 할 일이다." 이러한 지론을 견지해 온 필자기에 본서를 통해 그 생각이 더욱 굳어진 것은 당연한 노릇일 것이다.

저자들의 연령으로 보아 앞으로 한반도와 교회에 더 많이 기여할 것으로 기대된다. 심지어 40대 저자도 있다. 통일선교 사역의 계대繼代가 제대로 이뤄지고 있는 것이 참으로 기쁘다. 또한 공동연구라는 점이 갖는 의미가 결코 적지 않다.

저자들의 노고에 대해 격려와 감사를 표하고 싶다. 그리고 출간의 계기를 만들어 준 선교통일한국협의회에도 감사를 드린다. 선교통일한국협의회 중심사역자들 가운데 건강상 어려움을 겪는 분들이 계신데 하나님께서 치료하는 광선말 4:2을 발해주시어 그분들이 회복과 강건의 은총을 입어 더 많은 일을 하게 되기를 간구한다. 좋은 출판사를 만나는 것이야말로 저자에게 큰 복이다. 이 책의 수준에 걸맞게 격조 있는 편집을 해준 출판사에도 고마운 마음을 전한다.

통일선교의 보배인 탈북민들을 한국교회에 보내주신 하나님께 본서의 출간이 기쁨과 영광이 되기를 기도드린다.

유관지 목사(북녘교회연구원 원장)

추천사 3

미래 북한 교회의 모델

남북통합목회는 장차 북한에 세우게 될 교회와 여기에서 이루어질 목회의 모델이다.

교회가 없는 곳에 교회를 세우는 것은 모든 그리스도인에게 주어진 주님의 명령이다. 반드시 따라야 할 바다. 특히 북한에 교회를 세우는 것은 한국교회와 전 세계에 흩어져 있는 디아스포라교회의 사명이다. 우리는 이 사명을 붙들고 기도하며 방법을 찾았다. 이제 귀한 사역자들이 어떤 교회를 세우고, 또 어떻게 세워야 할지에 대해 모델을 제시했다. 필자는 가슴이 뜨거워지는 기쁨으로 이 책을 읽었다.

저자들은 무엇보다도 먼저 탈북민 목회 현장에서 고민하고 기도하는 목회자들이다. 그와 동시에 남북통합목회를 학문적으로 연구하는 학자들이다. 풍부한 현장 경험과 이론적인 학문 연구를 겸비한 분들이기에 한 분 한 분이 모두 신뢰를 받고 있다. 이렇듯 사역과 연구로 오래 헌신해 온 분들이 마침내 현장 경험과 연구 결과를 책으로 출간한다.

본서의 모든 저자들이 남북통합목회를 강조하고 있다. 남북통합목회란 남북한 사람과 탈북민을 비롯한 모든 한국 사람과 한국교회가 하나님의 계획과 역사 안에서 하나 되는 것을 말한다. 저자들은 이 남북통합목회를 입증하기 위해서 해방 후 월남민교회와 한국교회 내 탈북민 부서, 남한 목회자가 주도하는 탈북민교회, 탈북 목회자가 주도하는 탈북민교회를 구체적으로 다양하게 설명한다. 특히 더 의미 있는 부분은 여러 다양한 교회를 목회하는 분들이 직접 사례를 발표한 것이다.

이 책은 지금 탈북민 사역을 하고 싶지만 어떻게 해야 할지 모르는 교회와 사역자들에게 좋은 지침서가 된다. 또한 탈북민 사역을 하다가 시행착오를 겪고 실망했다면 시원한 해결 방안이 될 것이다. 무엇보다 특별히 통일 후 북한교회를 세우는 사역을 준비할 귀한 안내서가 되고, 정확한 모델을 제시해 준다.

탈북민 사역을 계획하는 분이나 탈북민 사역으로 지친 분들, 그리고 통일 이후 북한에 교회를 세우기 위해 기도하는 분들에게 본서는 바른 길을 보여주는 지침이자 문제를 해결하는 열쇠가 되어줄 것이기에 반드시 읽어 보시기를 권한다.

이철신 목사(영락교회 원로목사)

추천사 4

남과 북이 하나 되는 길의 구체적 모색

한국교회는 오랫동안 통일을 위해 기도해 왔습니다. 그러나 아직 통일의 길이 보이지 않습니다. 그러나 하나님께서는 우리를 위해 통일을 반드시 이루어 주실 것입니다. 우리가 북한에 갈 수 없는 형편을 아시고 3만여 명의 탈북민을 우리에게 보내신 것을 볼 때에 그런 확신을 갖게 됩니다.

북한에 복음을 전하기 위해서는 먼저 여기 와 있는 탈북민들을 복음화해야 합니다. 3만여 명의 탈북민부터 복음화하지 못하면서 2천만 명이 넘는 북한동포를 복음화한다는 것은 어불성설입니다. 그러므로 통일 이후 북한 복음화를 이루기 위해서는 탈북민 복음화가 매우 중요합니다.

이러한 인식 아래 정종기 교수님을 비롯한 네 분의 저자가 함께 쓰신 『남북통합목회의 물결』은 서로 다른 남한 사람과 남한교회, 탈북민과 탈북민교회, 북한 사람과 북한교회가 하나님의 큰 계획과 역사 안에서 하나 되는 길을 구체적으로 모색하고 있습니다. 나아가 분단 이후 상당 부분 이질화된 남북한의 영적인 통합을 지향하면서 남북의 모든 문제를 풀어나가는 남북통합목회를 지향하고 있어 기존 연구와 차별화됩니다. 본서는 통일과 북한복음화를 꿈꾸는 목회자들뿐 아니라 평신도들에게 매우 유익할 것으로 사료되어 적극 추천합니다.

조요셉 목사(선교통일한국협의회 상임대표)

추천사 5

남북통합목회와 선교를 위해 꼭 필요한 연구서

한반도 통일은 해외선교사에게도 아주 중요한 일입니다. 선교사의 최종 목적은 땅끝까지 그리스도의 증인이 되는 것이기 때문입니다. 하나님은 땅끝까지 그리스도의 증인이 되는 도구로 우리를 선택하셨습니다. 이제 한국교회만 아니라 북한 성도들이 함께 땅끝으로 나가야 합니다. 한국교회가 혼자 남은 과업을 이룰 것이 아니라 하나의 코리아가 되어 이 일을 이루어 나가야 합니다.

이런 의미로 한반도 통일은 해외 선교하는 우리들에게도 중요한 문제가 됩니다. 그러나 북한은 여전히 복음에 대해 문을 닫고 있어서 그들 속으로 들어가 복음을 전할 수 없게 되었습니다. 복음을 전하지 못한 이때 하나님께서 그들을 불러내셨습니다. 그들을 우리는 탈북자라 부릅니다. 그 일부가 지금 한국에 들어와 한국교회로부터 복음받기를 기다리고 있습니다.

그러나 탈북민들은 이미 타문화권이므로 그들에게 복음을 전하기 위해 그들의 문화를 이해하고 배워야 합니다. 즉 준비되지 않으면 하나님께서 우리에게 아무리 사람을 보내셔도 복음을 전하기 어렵습니다. 이런 문제를 해결하기 위해 이 책은 네 명의 저자를 통해 한국교회에 질문하고 답하고 있습니다.

타문화권인 탈북민들에게 복음을 전하기 위해 교회 내에 그들을 이해하는 탈북민 부서를 두는 것과 그들의 문화로 모일 수 있는 탈북민교회를 세우는 것입니다. 그동안 이런 것들에 대해 연구가 부족했다는 이야기를 들었습니다. 꼭 필요한 일에 대한 연구 결과가 책으로 나오게 됨을 축하합니다.

여기서 한 가지 선교사로서 제언한다면 제가 있던 인도네시아에서의 경험입니다. 인도네시아 무슬림들에게 복음을 전했는데, 이들이 예수님을 믿고 바로 교회로 들어오게 되면 대부분 적응하기가 어렵습니다. 그래서 교회로 들어오기 전에 그들을 이해하는 이들과 함께 소그룹 공동체를 만들었습니다. 그들과 먼저 동화된 후에 교회로 들어오게 한 것입니다. 탈북민들에게도 그들 문화권의 사람들과 함께 한국교회와 문화에 어느 정도 익숙해진 후 한국교회로 들어오는 과정이 필요합니다. 이 책에서 말하는 탈북민교회가 징검다리 역할을 해야 한다는 주장에 동의합니다. 참으로 많은 정보와 이해를 주는 책이기에 우리가 읽기에 충분하다고 여겨 이 책을 추천합니다.

홍영화선교사(고신총회세계선교회 본부장)

들어가며

먼저 이 책을 읽어 주시는 독자 여러분께 감사 인사를 드린다. 이 책을 엮게 된 계기는 탈북민교회에 대해 배우고, 제대로 알리고자 시작된 선교통일한국협의회(대표회장 강보영 목사, 상임대표 조요셉 목사)의 프로젝트다.

현재까지 한국에 들어온 탈북민은 약 33,000명이다. 이들 중 약 30%가 기독교인이라고 하지만, 실제로 교회에 출석하는 이들은 10%에 불과하다. 교회에 출석하지 않는 90%의 탈북민은 '잃은 양'이다. 이제 누가 이들에게 복음을 들고 가야 하는지 더 치열하게 고민할 때다. 통일이 되기 전 한국교회는 잃은 양을 찾는 데 전념해야 할 사명을 가지고 있다. 이런 문제의식을 토대로 선교통일한국협의회에서 정종기 교수(아신대학교), 하광민 교수(총신대학교), 김의혁 교수(숭실대학교)와 마요한 목사(새희망나루교회)에게 연구를 의뢰했다. 네 명의 연구자들은 약 6개월간의 연구를 거쳐 2021년 4월 16일 총회창립100주년기념관 4층 크로스로드 세미나실에서 공개 세미나를 진행했다. 그때 각기 발제한 제목은 "탈북민 목회자가 사역하는 교회의 역할," "한국교회 내 북한 이탈민 부서 사역의 쟁점과 과제: 선교적 교회론과 접촉 가설에 기반하여," "남북 사역자가 목회하는 남북통합목회" 등이다. 이날 발표한 각자의 연구 결과를 편집하고 보완한 결과로 이 책이 나오게 되었다.

연구자들은 27명(19개 교회 소속)의 탈북민교회 목회자와 사역자들을 인터뷰했고, 사례연구를 통해 탈북민 사역을 하는 8개 중대형교회를 조사하고 분석했다. 각 인터뷰는 해당 교회의 탈북민 사역과 주요 쟁점들을 청취하는 데 집중했고, 다시 이를 토대로 후속 연구를 진행했다. 이 책에서는 인터뷰 참여자의 소속 교회를 명시한 곳도 있지만, 교회 상황에 대한 연구자의 주관적 가치 판단이 나타나는 부분에서는 교회의 이름을 굳이 밝히지 않았다.

탈북민 사역은 선교적으로 매우 중요한 영역이다. 예전에 한국에서 복음을 듣고 목사가 된 싱가포르인 목사가 고국으로 돌아가면서 국내의 이주민 사역자에게 다음과 같이 말했다. "나 같은 사람 100명만 만들어 주세요. 그 100명이 싱가포르를 뒤집을 것입니다." 탈북민들도 한국에서 복음을 받아들이고 언젠가 고향으로 돌아갈 것이다. 바로 그때에 북한을 회복하고 복음화하는 역사가 일어나리라 믿는다. 물론 모든 탈북민이 북한으로 돌아가서 복음을 전하는 사역자가 되지는 않겠지만, 단 몇 명이라도 북한 복음화를 위한 사명을 받아 돌아간다면 하나님께서 그들을 통해 북한교회를 다시 세우는 역사가 일어날 것이다.

이 책은 탈북민에 대한 교회사역을 '남북통합목회'라는 관점으로 접근한다. 그렇다면 과연 남북통합목회란 무엇일까? 그리고 이 책은 왜 남북통합목회에 초점을 맞춰 이야기를 전개하고 있는 것일까? 그동안 통일과 관련해 한국교회에 알려진 목회 담론으로 '통일선교목회'와 '통일목회'가 있었다. 이 용어들조차 익숙하지 않은 독자분들이 많을 텐데, 이 책은 왜 굳이 '통합목회'라는 새로운 용어를 제시하는 것일까? 학자들의 말장난으로 치부할 수 없는 중요한 내용이 여기 담겨져 있다.

　이 책을 함께 쓴 연구자들은 그동안 한반도 통일과 통일선교, 그리고 북한 복음화를 위해 부단히 노력했다. 이를 통해 찾아낸 한국교회를 향한 목회적 비전이 바로 남북통합목회다. 우리는 남북통합목회 추구야말로 남북한의 교회가 살아나는 데 반드시 필요하다고 확신한다. 남북통합목회 비전 안에 현재와 미래가 모두 들어있다. 현재 한국교회가 놓치고 있는 탈북민 복음화의 전략은 물론이고 장차 북한개방이나 남북통일이 이루어질 때에 어떠한 형태의 교회를 어떠한 방식으로 세워가야 할지에 대한 전망 또한 담겨있다.

　남북통합목회 개념은 한국교회를 넘어 북한교회와 디아스포라교회의 인정과 협력까지 포괄한다. 따라서 이 개념은 '서로'에 초점을 두고 있다. '통일'과 '통합'의 의미를 이해하면 '서로'에 대한 이해가 명확해진다. '통일'은 '본래 하나였다가 나누어진 것을 다시 합친다'라는 뜻이고, '통합'은 '본래 다른 것으로 존재하는 것을 하나로 모은다'라는 의미다. 즉 통합은 서로 다른 것이 하나가 된다는 것이다. 서로 다름을 인정해야 통합이 된다. 이전까지의 통일목회 담론에서 한국교회가 주도권을 가지고 통일을 바라보는 관점이 강했다면, 통합목회는 한국교회가 탈북민교회를 인정하고 파트너로 삼아 함께 이 시대를 향한 사명을 감당하는 것까지 나아간다. 그런 의미에서 남북통합목회는 서로 다른 존재인 남한 사람과 남한 교회, 탈북민과 탈북민교회, 북한 사람과 북한교회가 하나님의 큰 계획과 역사 안에서 하나 되는 것을 지향한다. 그리고 남북통합목회는 남북한의 영적 통합을 추구하면서 남북의 모든 문제를 해결한다는 목표를 갖고 있다.

우리는 남북통합목회를 지향하는 데 한국교회의 미래가 달려있다고 주장한다. 바라건대 한국교회가 룻을 품은 보아스의 마음을 갖기를 소망한다. 룻이 유대인 사회에서 이방 여인룻2:10이었고, 종보다 못한 여자룻2:13였음에도 보아스는 이 여인을 향해 "네가 이스라엘의 하나님 여호와의 날개 아래로 안식처를 찾아왔으니 너에게 넉넉하게 갚아주실 것이다"룻2:12라고 말한다. 룻의 처지와 비슷하게 2등국민이 되어버린 탈북민을 향해 한국교회가 보아스와 같은 따뜻한 마음으로 대하길 소망하는 마음으로 이 책을 마지막까지 써내려 갔다. 이 책을 읽는 독자들에게도 하나님께서 동일한 마음을 부어주시기를 기도한다.

이 연구 결과물이 나오기까지 배후에서 수고해 주신 분들이 있다. 선교통일한국협의회 관계자분들과 통일소망선교회의 이빌립 목사, 그리고 연구를 후원해 주신 사랑의 교회, 특히 오정현 목사님과 가운데에서 수고해 주신 오일환 장로님, 끝으로 책을 출간해 주신 선한청지기의 사장 김영철 장로님과 편집부의 도움에 감사드린다.

2021년 11월
저자 일동

목차

추천사 _4
들어가며 _14

서론 _20

제1부   남북통합목회의 이론적 배경

    1장 통합의 이론적 개념   _31
    2장 남북통합목회의 개념   _40
    3장 남북통합목회의 성경적 토대   _45

제2부   남북통합목회의 첫 번째 물결

    1장 월남민을 통한 남북통합목회 시작   _58
    2장 남북통합목회의 새로운 마중물: 탈북민   _65

제3부   남북통합목회의 두 번째 물결: 한국교회 내 탈북민 부서

    1장 한국교회 내 탈북민 부서 현황   _80
    2장 한국교회 내 탈북민 부서 사역의 쟁점   _89
    3장 탈북민 부서 사역을 위한 이론적 지침과 적용   _105
    사례) 안산동산교회 통일선교팀 이야기 - 허은성 목사   _117

제4부 남북통합목회의 세 번째 물결: 탈북민교회

1장 탈북민교회란 무엇인가 _124

사례) 탈북민 목회자들의 신앙 여정 - 정종기 교수 _142

2장 탈북민 목회자가 주도하는 남북통합목회 _147

사례) 새희망나루교회 개척 이야기 – 마요한 목사 _175

3장 남한출신 목회자가 주도하는 남북통합목회 _180

사례) 남한 목회자의 남북통합목회 공동체 개척기
  – 생명나래교회 하광민 목사 _193

제5부 남북통합목회의 새로운 물결

1장 남북통합목회의 새로운 물결: 과제와 미래 _202

2장 남북통합목회의 내적 과제와 외적 과제는 무엇인가? _215

3장 남북통합목회의 미래 단계별 준비 계획은 무엇인가? _220

미주 _228

참고문헌 _235

서론

 통일에 대한 인식이 변하고 있다. MZ세대[1]가 부상하는 오늘날 한국사회에서 통일 담론은 그 당위성을 점차 잃어가고 있다. 많은 이들에게 통일이 더 이상 반드시 이뤄야 하는 과제로 여겨지지 않는다. "우리의 소원은 통일"이라는 구호에 대해 적어도 표면적으로는 이견이 없던 지난 수십 년간과 비교해 볼 때 매우 큰 변화다. 통일연구원에서 펴낸 『KINU 통일의식조사 2020』에 따르면, 한국사회에서 통일에 대한 선호는 지속적으로 줄어들고 있는 반면, 평화공존에 대한 선호는 꾸준히 증가하고 있다.[2] 이제 남한에서 통일을 당위적 목표로 받아들이는 비율은 채 1/3도 되지 않는다. 이러한 현상은 세대별로 비교할 때 더욱 명확하게 변화가 드러난다. 나이든 세대에 비해 젊은 세대로 갈수록 남북통일보다 평화공존을 선호하는 비율이 확연히 높다. 이러한 변화가 의미하는 바가 무엇일까? 더 이상 통일에 대한 노력이 무의미한 것일까? 이제는 남북한이 통일되는 꿈을 포기하고 현재의 분단을 불변의 현실로 받아들여야 하는 것일까?

 통일에 대한 사람들의 의식이 변하고 있다는 사실에만 근거하여 더 이상 통일이 필요 없다고 주장하는 것은 온당하지 않다. 때로 여론의 동향과 상관없이 흔들리지 않고 추진해야 할 중요한 과업이 있는 법이다. 따라서 한반도의 현실 가운데 통일이 가진 중요성과 가치를 당장 평가절하

할 필요는 없다. 다만, 통일의식이 변화되는 양상에 대해 그동안 통일 담론이 유통되고 소비되어 온 방식을 근본적으로 돌아보는 계기로 삼을 필요는 있다. 한국사회에서 통일 담론이 힘을 점차 잃어가는 것은 어쩌면 그동안 통일이 제기되어 온 방식과 그 안에 내재된 전제에 대한 거부감의 결과일지도 모른다.

그동안 통일에 대해 접근할 때 과거 민족이 하나 되었던 상태로 회귀하고자 하는 '과거지향적' 관점이 강했던 반면에 '미래지향적'인 관점에서 바라보는 관점은 상대적으로 취약했다. 설사 미래지향적이라고 해봤자 통일편익이 통일비용을 넘어선다는 경제적 관점의 논의가 주를 이루었다. 이에 따라 미래지향적 통일의 관점에서 오늘날을 살아가는 우리가 준비해야 하는 '현재적' 책임과 역할 그리고 과제에 대해서는 충분히 논의되지 못했다. 통일은 그저 무조건적으로 이뤄내야 하는 거시적 목표였을 뿐 그 통일이 어떠한 통일이고 무엇을 위한 통일이며 어떠한 과정으로 이뤄가야 하는 통일인지, 그리고 통일 이후에 어떻게 살아가야 하는지에 대하여 충분히 고민하고 논의하지 못했던 것이다.

남북한의 통일 담론

한반도 통일은 남북 양쪽에게 최우선의 민족적 과제 중 하나였다. 통일은 갈라졌던 한민족 공동체가 회복되는 동시에 남북이 함께 단일 국가를 형성하는 것이기에 남한 체제에서든 북한 체제에서든 꼭 이뤄내야 하는 당위적 규범으로서 제시되어 왔다. 통일을 이루는 과제에 헌신해야 체제의 정당성도 인정받는다고 여겨졌다. 이에 따라 남북한 모두에게 통일은 헌법 차원에서 강조되는 주제였다. 실제로 한국(대한민국)과 북한(조선민주주의인민공화국)의 양쪽 헌법 모두 통일을 반드시 이루어야 할 근본 과제라고 강조한다.

먼저 한국의 헌법을 살펴보자. 헌법 제4조에 "대한민국은 통일을 지향하며, 자유민주적 기본질서에 입각한 평화적 통일 정책을 수립하고 이를 추진한다"라고 되어있다. 헌법 제66조는 대통령이 "조국의 평화적 통일을 위한 성실한 의무를 진다"라고 규정한다. 이에 따라 헌법 제69조에 의하면 대통령은 취임할 때 다음과 같은 선서를 해야 한다. "나는 헌법을 준수하고 국가를 보위하며 조국의 평화적 통일과 국민의 자유와 복리의 증진 및 민족 문화의 창달에 노력하여 대통령으로서의 직책을 성실히 수행할 것을 국민 앞에 엄숙히 선서합니다." 나라의 수반이 우선적으로 감당해야 할 핵심 가치 중의 하나가 바로 분단된 남과 북을 통일하는 것이다. 이 사실은 남북 통일이 얼마나 중요하게 간주되는지를 여실히 보여준다.

북한의 헌법 역시 통일을 엄중한 과제로 다룬다. 2019년 8월 29일 최고인민회의 제14기 제2차 회의에서 채택한 '조선민주주의인민공화국 사회주의헌법'의 서문을 보면, "김일성동지와 김정일동지께서는 나라의 통일을 민족지상의 과업으로 내세우시고 그 실현을 위하여 온갖 로고와 심혈을 다 바치시였다"라고 묘사하며, "조국통일위업을 성취하기 위한 길"을 열어놓았다고 언급한다. 이어서 헌법 제9조는 "조선민주주의인민공화국은 북반부에서 인민정권을 강화하고 사상, 기술, 문화의 3대혁명을 힘있게 벌려 사회주의의 완전한 승리를 이룩하며 자주, 평화통일, 민족대단결의 원칙에서 조국통일을 실현하기 위하여 투쟁한다"라고 명시한다.

이처럼 통일은 남북 모두에게 부정할 수 없는 중요 목표지만 실상은 서로 통일을 말할수록 외려 통일이 더 멀어지고 있다. 남한이 말하는 통일과 북한이 말하는 통일은 근본적으로 상충할 수밖에 없다. 남한의 '민족공동체 통일방안'이든 북한의 '낮은 단계의 연방제'이든 표면적으로는 수평적인 관계를 내세우지만 내심으로는 각자의 체제를 중심으로 상대방을 흡수 통일하려고 하기 때문이다. 통일을 국가의 중대 과제로 설정한 이면에는 상대방 체제의 정당성을 인정할 수 없으며 자신의 체제를 중심으로 통일해야 한다는 인식이 전제되어 있다. 그동안의 통일 논의는 상대방 체제를 부정하고 무력화해야 한다는 논리를 담고 있었다. 서로의 존재를 부정함으로써 얻어지는 일방적 통일이기에 폭력적 성향을 내재하고 있었다. 이러한 자기중심적 통일 의도를 서로 잘 알기에 남북한의 통일 논의는 한없이 늘어지는 무의미한 샅바 싸움이 될 뿐이다. 결국 통일에 대한 강한 열망이 서로에게 위협이 된다는 점이 현재의 통일 담론이 가진 가장 큰 역설이자 약점이다.

통일에 앞서 통합

본서는 이런 상황을 염두에 두고 '통일'보다 '통합'에 초점을 맞추고자 한다. 통일이 분단을 전제로 한다면, 통합은 갈등을 전제로 한다. 갈등을 다루는 통합은 분단을 전제하는 통일보다 훨씬 더 다차원적으로 한반도 현실에 대한 접근을 가능하게 한다. 갈등은 체제와 이념의 갈등을 넘어서 세대와 문화와 인간관계의 갈등까지 아우르기에, 갈등 해소를 목표하는 통합은 한국사회의 다양한 문제를 다룰 수 있는 핵심 의제가 될 수 있다.

통합은 갈등을 조정하고 해소함으로써 서로 다른 주체들 간에 새로운 정체성을 형성하고 이를 지속시키는 제도적 틀을 세운다. 통일 개념과 통합 개념이 접점을 이루는 지점은 소위 '사람의 통일'이라 부르는 영역이다. 통일은 대상을 중심으로 해서 영토의 통일, 체제의 통일, 사람의 통일 등으로 종종 분류하는데, 통합은 이 중에서 사람의 통일과 밀접하게 연관된다. 영토의 통일과 체제의 통일이 제도적 통일의 영역이라면, 사람의 통일은 이 책에서 다루고자 하는 통합의 영역에 해당한다. 통합은 체제나 이념보다도 서로 간에 갈등을 경험하는 사람 자체에 초점을 맞춘다. 따라서 통합은 장기적 관점을 가지고 접근해야 한다. 근본적으로 사람과 사람이 어떻게 함께 살아가는가에 관심을 가지기 때문이다.

이 책에서 통합을 강조한다는 의미는 기존의 통일 논의가 무의미하다거나 통일을 위한 노력을 중단하겠다는 것이 아니다. 오히려 통합을 고려하지 않는 통일이 그 자체에 내재된 일방성 때문에 더 큰 파국을 가져올 수 있기에 통합에 대한 논의를 심도 있게 해야 한다는 주장으로 이해해 주기를 바란다. 사실 지금 한반도 상황에서 통일 담론에 내재된 일방성은 쉽게 극복되기 어렵다. 서로 자기 체제를 내려놓을 마음이 없기 때문이다. 그렇기 때문에 제도적 통일의 영역이라는 길이 쉽게 보이지 않는 현 시점에서 하나님께 이 문제를 의탁하며 그분의 주권적 개입과 은혜를 기다려야 한다. 하지만, 통합의 문제는 그렇지 않다. 지금 당장 한국사회 내의 복잡다단한 갈등과 분열의 문제에서부터 시작하여 종국에는 통일을 넘어 통일 이후 남북한 주민이 조화롭게 더불어 살아가는 문제에까지 적용되어야 하는 과제가 바로 통합이다. 통합을 위한 노력은 제도적 통일

이전부터 시작해야 하며, 통일 이후에도 부단히 이뤄가야 한다.

한국교회와 통합

그동안 한국교회의 통일관은 앞선 한국사회의 통일 이해와 크게 다르지 않았다. 통일을 위해서 열심히 기도했지만, 교회가 가진 통일의 전제에 대한 근본적 성찰이 부족했다. 통일은 추상적 차원에서 논의되고, 그저 막연한 이상으로만 여겼다. 이제 통합은 진지하게 고려해야 한다. 그렇지 않으면, 앞으로도 통일은 허상에 불과한 수준에 머무르게 될 것이다. 통합은 통일을 염원하는 한국교회가 외면하거나 회피할 수 없는 당면 과제다. 본서의 필자들은 오늘의 한국을 살아가는 그리스도인이 천착하고 집중해야 하는 문제가 바로 통합이라는 결론에 이르렀다. 그리스도인들이 사회 곳곳의 갈등을 끌어안고 통합에 대한 보다 깊고 성숙한 논의를 시작하며 실천을 쌓아갈 때에야 하나님께서 주시는 통일을 비로소 보다 선명하게 이해하고 모색할 수 있지 않을까 기대한다.

이런 맥락을 염두에 두고 이 책의 필자들은 목회적 관점에서 한국교회가 향후 지속적으로 집중해야 할 중심 의제이자 목표가 바로 '남북통합목회'임을 주장하고자 한다. 남북통합목회는 간단히 말해 서로의 다름을 끌어안고 더 큰 정체성 안에서 조화롭게 하나가 되는 통합을 핵심 과제로 삼는 목회다. 여기서 더 큰 정체성이란 예수 그리스도께서 십자가에서 죽으시고 부활하심으로 말미암아 모든 단절과 갈등을 넘어 하나님의 자녀됨이라는 새로운 정체성을 은혜로 주신 것에 기반한다. 이에 따라 한국교회는 남북의 체제와 문화의 이질성을 넘어 하나님 나라라는 새로운 가치와 정체성을 담아내는 통합목회를 지향해야 한다.

책의 구성

본서는 한국교회가 통합의 문제를 붙들고 한걸음씩 전진할 때 통일을 향한 새로운 길이 열릴 것이라는 믿음을 전제한다. 그러므로 통합을 키워드로 삼아 한국교회의 과거, 현재, 미래를 조망하는 구조로 짜여있다.

먼저 제1부에서는 남북통합목회의 관점에서 한국교회의 월남민 목회를 간략하게 돌아본다. 남북통합목회의 첫 물결로 명명했지만 향후 다가오는 본격적인 통합목회를 위한 디딤돌로서 나름의 의미와 한계를 가졌음을 살펴볼 것이다. 제2부에서는 남북통합목회의 이론적 배경을 정리함으로써 남북통합목회에 대한 개념을 보다 명료하게 정의한다. 제3부에서는 남북통합목회의 두 번째 물결이라고 명명한 한국교회의 탈북민 부서 사역을 조망한다. 2000년대 들어 본격화된 탈북민의 한국 입국은 한국교회의 기존 통일선교 영역을 확장시켰다. 탈북민 부서 사역의 현황과 쟁점을 통하여 남북통합목회의 한 축에 대한 이해를 심화시킬 것이다. 제4부에서는 남북통합목회의 세 번째 물결이라고 칭한 탈북민교회 사역을 다룬다. 지난 20년간 한국교회의 탈북민 사역을 통하여 약 200명 가량의 탈북민 목회자가 배출되었으며, 그 가운데 상당수 목회자가 탈북민교회를 개척하여 남북통합목회의 새로운 장을 열어가고 있다. 남한 출신 목회자들 중 일부도 탈북민교회를 개척하였다. 그 결과 2021년 현재 총 58개의 탈북민교회가 한국 도처에 존재하는데, 이러한 탈북민교회에서 나타나는 남북통합목회의 양상을 살펴볼 것이다. 마지막으로 제5부에서는 남북통합목회의 새 물결에 대한 전망을 나눈다. 2020년 들어 코로나19와 북한 정세의 변화 등으로 탈북민의 입국이 급격히 줄어들고, 향후 한반도의 정세가 어떻게 변할지, 코로나19가 한국교회에 어떤 영향을 미칠지 가늠하기 쉽지 않다. 그럼에도 불구하고 통합의 문제는 이미 통일 이전에 우리가 당면하는 현실 과제이며, 통일 이후에도 지속적으로 씨름해야 할 문제라는 점에서 남북통합목회의 미래를 다양한 관점에서 살펴볼 필요가 있다.

제1부

남북통합목회의 이론적 배경

1

통합의 이론적 개념

통합과 사회통합의 이해

통합(integration)과 통일(unification)[3] 모두 사전적으로는 나누어진 것들을 하나로 합친다는 의미를 가진다. 통합의 경우, 통일보다 용례가 다양하며 특히 심리학적 맥락에서는 여러 요소들이 유기적으로 조직되어 하나를 이룰 때 사용된다. 통일이 원래 하나였다가 나누어진 요소를 다시 합치는 것을 강조한다면, 통합은 서로 이질적이고 다양한 요소들이 조화로운 하나의 구성체를 이루는 측면을 중시한다. 이런 맥락에서 통합을 "둘 이상의 행위자가 더 큰 '우리'를 형성해 나가는 과정이나 또는 그 최종 결과로서 큰 우리를 형성한 상태"로 정의하기도 한다.[4] 서로 다른 행위자가 서로를 연결된 존재로 의식하는 강도가 커질수록 통합의 정도 또한 커지는 것으로 이해된다.

사회통합(social integration)은 통합이라는 개념을 사회적 관계에 연관하여 확장하고 발전시킨 개념이다. 사회 내 갈등과 분열의 해소는 사회통합의 중요한 과제 중 하나다. 이에 따라 사회통합은 개인이나 집단이 한 사회에서 서로 적응하고 더불어 살아가는 사회적 유대를 가리키며, 사회 내의 주류집단과 비주류집단 간의 갈등을 최소화하고 상호 존중하는 것을 의미한다. 달리 말하면 서로 분열되어 있는 집단 혹은 개인이 서로 적응하며 공통의 가치와 규범을 내면화하여 집합의식을 동일한 방식으로 드러내는 모습으로 이해할 수 있다.[5] 사회통합의 과정은 단순하지 않다. 일반적으로 사회 내 갈등은 매우 오랜 시간에 걸쳐 누적되기 쉽다. 따라서 사회통합은 장기적 관점에서 접근해야 할 때가 많으며, 이때 통합의 과정에 대한 치열한 소통과 합의를 필요로 한다. 이러한 사회통합은 정치, 경제적 통합과 더불어 사회문화적 이질과 갈등을 해소하고 치유하는 개인 차원의 가치 측면에서 중요한 개념이 된다.

이재열 교수는 사회 통합의 세 가지 차원을 말한다.[6] 첫째, 통합은 물질적 배제(exclusion)를 지양한다. 사회통합은 특정 집단이나 계층이 물질적 배제를 받지 않도록 하는 것이다. 그러나 통합은 기계적 평준화를 의미하지 않는다. 각자의 노력과 능력에 맞는 부의 재분배를 통한 건강한 사회 건설이 통합의 목적이다. 둘째, 갈등이나 해체(disintegration)를 지양한다. 사회 각 요소나 집단들 사이에서 발생할 수 있는 갈등을 완화시키고 그것이 폭력이나 분리의 상황으로 이어지지 않도록, 그리고 만일 그런 상황이 되었다면 적절히 해소하여 공동의 정체성을 유지시킴으로써 사회적 조화와 협력의 잠재력을 증대시킨다. 셋째, 통합은 문화적 이질성을 지양한다. 계층과 계층 사이, 개인과 개인 사이에서 발생할 수 있는 문화적 이질성을 최소화하여 자연스러운 상호작용과 유대감을 증대시키는 것이 바로 사회통합이다.

통일과 통합

오늘날 한국사회는 수많은 갈등에 노출되어 있다. 지역과 이념, 세대, 경제력과 성별에 이르기까지 다양한 측면에서 끊임없이 갈등이 발생한다. 이 가운데 분단으로 인한 갈등은 한국사회 갈등의 기저에 놓인 핵심 문제이며 여러 갈등의 양상을 증폭시키는 요인이기도 하다. 분단의 문제를 해결하기 위해서는 통일이 필요하다고 생각할 수 있다. 물론 통일이 필요하고 또 중요하다. 하지만, 통일만으로 사회 내의 갈등을 해소할 수 없다. 어쩌면 통일은 더 큰 갈등을 가져오는 계기가 될 수 있다. 사회통합의 관점과 노력이 결여된 통일이라면 더욱 그러하다.

통합은 기본적으로 서로 다른 사회구성원을 결속시키기 위한 방법이다. 통합은 통일에 앞서 준비해야 할 과제이며, 통일 이후에도 지속적으로 추구해야 할 과제이다. 그런 면에서 통합은 통일을 포괄하는 더 넓은 개념이다.

일찍이 김혁 교수는 통일 개념과 통합 개념을 비교하여 제시한 바 있다.[7] 그에 따르면, 통일은 본래 하나였다가 나뉜 것을 다시 합친 거다. 반면 통합은 원래 다르게 존재하는 것을 하나로 모으는 것이다. 통일은 평화로운 방식부터 폭력적 방식까지 다양하게 가능하지만 통합은 폭력 사용을 배제한다. 또한 통일은 정치적 면에 관심을 두는 반면 통합은 경제, 사회, 문화의 다양한 영역에도 적용된다. 통일이 결과에 집중한다면 통합은 과정을 중심하며 점진적 접근을 가리킨다.

한반도 통일은 단순히 남북한 체제가 하나 되는 제도적 통일이나 한반도를 가로지르는 휴전선이 사라지는 영토의 통일에만 국한해서는 안 된다. 진정한 통일은 소위 '사람의 통일'이라 부르는 영역에서 이루어진다. 사람과 사람 사이의 통일은 사람들 사이의 통합 즉 사회적, 문화적 통합이 구체화되고 현실 속에 두드러질 때에 비로소 가능하다. 따라서 통일을 만들어 가기 위해 사회통합이 필요하며, 통일 이후에도 진정한 통일을 위해 사회통합을 위한 부단한 노력을 기울여야 한다.

"통일 이후 사회통합의 과제는 사회적 갈등을 해소할 수 있는 제도적 틀을 마련하고 새로운 정체성을 형성하는 것이다. 사회통합은 사회적 제도의 융합과 가치관 형성에 관련된 것으로 포괄적 성격을 지니고 있으며 오랜 시간이 필요하다. 사회통합을 위해서는 계층, 지역, 세대 등과 관련된 갈등사항을 조정하고 해소하는 제도적 방안을 강구해야 한다. 또한 사회적 갈등을 해소하기 위해서는 민주적 가치의 확산, 관용 및 공존의식의 확산, 민족동질성의 회복, 새로운 정체성 확립 및 형성 등에 역점을 두어야 한다."(박종철 外, 246)

이우영 교수는 오늘날 통일보다 통합에 대한 논의가 더 필요한 이유를 다음과 같이 제시한다. 첫째, 이념과 제도의 일치에 갇혀 있었던 통일 논의를 확장함으로써 새로운 대안적 통일 담론을 가능케 한다. 둘째, 통일이 특정 시간에 벌어진 사건(event)에 초점을 맞추는 반면, 통합은 과정(process)에 더 관심을 가진다. 셋째, 통일의 방식과 수준, 장애물 등 그동안 충분히 다루지 않았던 통일 관련 주제를 검토하는 계기가 된다. 그러므로 한국사회와 한국교회가 보다 큰 관심을 갖고 노력을 경주해야 할 영역이 바로 '통합'의 영역이다.

지난 수년간 통합과 관련된 연구가 북한학계 안에서 활발하게 진행되고 있지만,[8] 아직 한국교회 내에서는 이 부분에 대한 논의가 본격화되지 않았다. 한국사회 안에서 통일을 가장 지속적으로 강조하는 집단이 교회다. 통일이라는 가치가 워낙 부각되어 있다 보니 통합에 대한 논의는 다소 힘들었을 것이다. 통일보다 통합을 먼저 강조하는 시도가 자칫 통일 노력에 찬물을 끼얹는 작업으로 오해될 수 있기 때문이다. 하지만 시기적으로 통일의 이전과 이후를 관통하며 통일을 통해 이루려는 핵심 목표라는 점에서, 통합 혹은 사회통합의 주제는 한국교회의 핵심 의제가 되어야 한다. 통합에 대한 관점은 한국교회의 현 상태를 성찰적으로 돌아보고, 향후 나아가고 집중해야 할 목표를 근본적으로 성찰하게 하는 개념적 도구가 될 수 있다.

통합과 탈북민

남한과 북한은 이미 70여 년 동안 서로 다른 체제를 구축한 채 분단 시대를 살아왔다. 한반도의 분단과 전쟁을 경험하지 않은 세대가 사회의 주류가 되었다. 공통의 역사 경험은 물론이고 한민족이라는 민족적 동질감마저 희미해지고 있다. 서로 전혀 다른 삶의 방식과 문화와 가치관을 지닌 채 오랜 시간이 흘렀다.

다름은 상대를 타자화한다. 남북한 간의 다름은 서로를 극단적으로 타자화하였다. 이런 상황에서 점차 북한을 타문화권으로 인식하고 접근해야 한다는 현실적 관점이 선교계에 등장했다. 이 관점의 타당성을 부인하기 힘들다. 통일이라는 주제로 막연한 동질감과 하나 됨을 강조하기보다는 통합의 주제를 통하여 서로의 이질적 부분을 인정하는 가운데 하나 되는 노력을 기울여야 하는 것이다. 다름에서 비롯되는 갈등의 요소들을 통합의 관점으로 다뤄가야 한다.

남북한 사람 간 통합의 출발점은 이미 한국에서 살아가는 3만 3천여 명의 탈북민과 남한 사람이 서로 만나 조화롭게 하나의 시공간 속에서 더불어 살아가는 데 있다.

탈북민은 남한 사람을 만나기 이전에도 이미 각자 내적으로 통합의 문제를 놓고 씨름할 수밖에 없는 이들이다. 북한에서의 삶과 문화를 오랜 기간 체화한 이들이 남한의 자본주의 사회 속에서 살아남기 위해 지난 20여 년간 치열한 분투를 해왔다. 탈북민 각자의 삶의 경험에 따른 강도의 차이는 있겠지만, 저마다 남북한 문화에 대한 나름의 통합 과정이 존재한다. 한국교회가 이들의 내적인 목소리에도 더욱 귀를 기울임으로써 그들의 내적인 통합 과정을 이해하고, 이를 바탕으로 남북한 사람들이 사회통합을 향해 계속적으로 나아갈 수 있도록 부단히 노력해야 한다.

이주민으로서의 탈북민과 통합

한국사회 내에서 탈북민에 대한 다양한 관점이 있는데, 그중 하나가 탈북민을 이주민(immigrant)의 관점에서 바라보는 것이다. 이주민으로서 탈북민을 바라보는 관점은 기존의 정치적·이념적 입장에서 벗어나 그들을 더 나은 삶을 찾아 새로운 삶의 공간으로 옮겨온 사람으로 이해하는 시도다. 이주민으로서 탈북민을 바라볼 때의 이점 중의 하나는 탈북민의 실제 남한 정착 과정을 보다 더 명확하게 포착할 수 있다는 것이다. 또한 기존의 각

나라별 이주민 연구에서 축적된 다양한 이론과 경험적 자료를 탈북민의 현실에 적용하여 분석할 수 있다. 그러므로 이주민으로서 탈북민을 바라보면, 그들의 현실적 상황과 필요와 도움을 더욱 잘 이해할 수 있다.

탈북민은 한국사회에 새롭게 적응해야 한다는 의미에서는 결혼 이주민과 이주 노동자와 같이 이주민의 위치에 있다. 하지만 엄밀한 의미에서 결혼 이주민이나 이주 노동자와는 다르다. 예컨대, 그들은 여타 이주민들과는 달리 입국 후 탈북민을 대상으로 하는 국가 기관의 몇몇 절차만 거치면 한국 국적을 취득하는 특혜를 받는다. 그래서 이들을 다른 이주민과 같은 입장에서만 볼 수는 없다. 그럼에도 불구하고, 이들이 이주민적 성격을 지니고 있다는 사실 자체를 부인하기는 어렵다.

이주민의 사회통합에 대한 연구는 이주 연구(migration studies)라는 분야로 이미 학계에서 활발히 이루어져 오고 있다. 그중 대표적 학자가 존 베리(John W. Berry)다. 그는 이주민들이 새로운 문화적 상황에서 이주민 자신의 문화 혹은 새로운 현지 문화에 대한 선호도에 따른 이중차원 모델(two-dimensional model)을 제시한 바 있다.[9] 베리에 의하면, 이주민의 문화변용 전략은 두 가지 차원의 조합으로 수렴된다. 하나는 자신의 문화적 유산과 정체성을 유지하고자 하는 상대적 선호도이며, 다른 하나는 도착지에 해당하는 더 큰 사회의 문화에 참여하는 상대적 선호도이다. 그는 이러한 모델을 통하여 이주민들이 새로운 장소에서 어떤 전략을 선택하여 정착하는지 관찰하면서, 이를 동화(assimilation), 통합(integration), 분리(separation), 주변화(marginalization) 등 네 가지 전략으로 유형화하였다. 동화는 자신의 원래 문화적 유산과 정체성이 낮은 반면에 새로 이주한 사회의 문화와 정체성을 선호하는 입장을 의미한다. 통합은 자신의 원래 문화적 유산과 정체성과 새로운 사회의 문화와 정체성에 대한 선호를 모두 높게 가져간다. 분리는 동화와 반대의 전략으로서, 자신의 원래 문화적 유산과 정체성에 대한 선호는 높지만, 새로운 현지 문화는 거절하는 태도이다. 마지막으로 주변화는 자신의 원래 문화와 새로운 문화 모두를 거절하는 모습을 가리킨다.

베리는 위의 네 가지 문화적응 전략을 연구하면서, 여러 이주민 케이스 중에 가장 성공적으로 새로운 사회에서 정착하는 경우를 분석하였다. 그 결과 그는 네 가지 전략 중에서 통합 전략, 즉 이주민이 자기 자신의 원래 문화와 현지의 새로운 문화 모두에 적극적으로 참여하는 방식이 이주민으로 하여금 가장 적은 스트레스로 가장 성공적인 정착을 이뤄낸다고 보았다.[10]

베리는 이주민의 문화적응 과정에 영향을 미치는 주요 변수로 다섯 가지를 다음과 같이 제시한다. 첫째는 이주자가 속하게 되는 더 큰 사회의 속성이며, 둘째는 문화적응 과정을 거치는 집단의 특성이고, 셋째는 문화적응 전략이며, 넷째는 각 개인의 인구학적 특성이다. 특별히 한국사회는 동화주의적 분위기가 매우 강한 사회라는 점에서 첫째 변수는 매우 큰 영향력을 끼친다. 한국사회는 이주민들이 한국사회의 가치와 문화, 규범에 순응하기를 요구하는 경향이 크다. 이는 아무래도 한국사회가 오랫동안 단일민족에 기반한 국가였기에, 다름과 차이보다는 일치와 하나 됨을 강조하는 경향이 있기 때문이다. 다만, 2000년대 들어 한국 내 다국적 결혼 이주자 및 이주 노동자가 많아지면서 한국 정부는 다문화주의 정책을 표방하기 시작했고, 이로써 현재 한국사회는 큰 변화의 과정에 놓여있다. 다시 말해서 이전의 강력한 동화주의적 분위기에서 서로의 다름을 인정하는 통합에 대한 강조가 있는 정책으로 변모하고 있는 중이다. 한국사회 내에 다양한 문화와 정체성을 가진 구성원들이 점차 증가하면서 사회통합의 중요성에 대한 인식이 확산된 결과라고 할 수 있다.

사회통합을 강조하는 한국사회의 의지적 노력에도 불구하고, 한국사회가 여전히 이주민들에게는 편안하지 않은 사회라는 점은 인정해야 할 것이다. 제3세계에서 온 이주민을 포함하여 탈북민들에 대해서도 한국 사람들 안에는 상대적 우월주의의 모습과 강한 편견이 깊이 뿌리내리고 있다. 탈북민들은 사회통합의 차원에서 본다면 문화적 배경을 달리하는 이들로서 한국사회에 성공적 정착에 많은 어려움을 겪으며, 사회적 배제를 경험하면서 점차 한국사회에서 사회적 약자로 주변으로 밀려나가는 현상을 말한다.[11]

통합에서 가장 중요한 것은 국가적 정책과 프로그램이 아니라 인격적 만남이다. 탈북민들의 내적 씨름의 과정을 편안하게 공유할 수 있는 공간과 만남을 한국사회와 한국교회가 제공할 수 있어야 한다. 장기적으로 볼 때, 남북한 사람 간의 통합에 있어서 탈북민의 역할은 매우 크다. 또한 이때 탈북민과 남한 사람들의 가교 역할을 할 수 있는 중요한 그룹이 바로 탈북민 목회자다. 특히 한국교회와 탈북민교회의 가교 역할을 탈북민 목회자들이 담당해야 한다. 남북통합에 있어서 두 문화 모두를 경험한 탈북민의 역할이 크며, 한국사회 내에서는 탈북민과 남한 주민 간의 통합에 탈북민 목회자의 역할도 지대하다. 따라서 한국교회가 탈북민과 어떤 방식으로 관계를 맺고 소통하느냐가 매우 중요한 요소가 될 것이다.

2
남북통합목회의 개념

목회(牧會, Pastoral Ministry)란 일반적으로 "교회에서 봉사하는 일로서 목사가 실행하는 모든 행위와 사역을 지칭하는데, 이에는 설교, 성례전, 교회의 관리 및 운영, 평신도 지도, 훈련, 교육 등의 제반활동을 망라"한다.[12] 목회는 크게 두 가지로 나눌 수 있다. 하나는 목회학으로서 목회의 본질을 성경에서 찾는다. 다른 하나는 목회활동으로서 실제 목회의 주체와 목회의 방법론에 관한 것이다.

통일선교목회와 통일목회의 비교

1990년대 말부터 남한에 입국하는 탈북민이 늘어나면서 한국교회에도 많은 탈북민이 들어오기 시작했고, 이에 따라 한국교회가 그들을 본격적으로 목회적 관점에서 품기 시작하였다. 이 책에서 제안하는 남북통합목회라는 용어 이전에 이와 유사하면서도 초점이 다른 몇몇 용어가 있었다. 먼저 그에 대하여 살펴보도록 하자.

남북통합목회 이전에 비슷한 개념으로 '통일선교목회'(하광민, 2014)와 '통일목회'(정종기 외 3인, 2016) 등이 있었다. 통일선교목회라는 용어는 2014년 북한사역목회자협의회가 발행한 『통일선교목회, 지금부터 시작하라』라는 책자에서 처음 제안되었다.[13] 여기서 통일선교목회는 "오랫동안 분단되어 서로 달라진 남과 북을 그리스도의 복음으로 하나 되게 함이며, 그로 인해 궁극적으로는 모든 성도가 한반도에 하나님의 나라가 임하는 것을 소망하고 구체적 실천을 이행하는 목회적 활동"이라고 정의되었다.[14] 통일선교목회가 제안되고 사용되기 시작한 데에는 다음과 같은 배경이 있다. 90년대 말부터 탈북민이 한국사회에 들어오게 되면서 여러 한국교회 안에 이들을 위한 부서를 만들게 되었고, 이 부서를 섬기는 남한 목회자들이 탈북민을 목회의 대상으로 섬기면서 통일선교목회라는 새로운 형태의 목회가 시작되었다. 목회 앞에 '통일선교'라고 지칭한 이유는 기존의 '북한선교'라는 용어 사용을 넘어서 좀 더 넓은 의미를 아우르는 '통일선교'라는 용어가 확산되면서, 탈북민에 대한 목회도 이러한 맥락에서 보기 시작한 데에서 기인한다.

한편, 기존의 '통일선교목회'가 통일선교 사역자, 목회자 등의 특수한 형태의 목회를 가리켰다면, 통일목회는 조금 더 보편적 목회로 전환하기 위한 일련의 시도였다. 통일선교목회가 탈북민과 함께하는 목회에 초점을 맞췄다면, 통일목회는 탈북민보다는 성경의 보편적 원리인 '그리스도 안에서의 통일'이라는 목회적 원칙에 초점을 맞췄다. 이런 면에서 통일목회는 "선교적 실천으로서의 통일선교목회를 넘어서서 한국교회(한반도교회)가 추구해야 할 한반도목회"라고 정의된다.[15] 이 개념이 제안된 배경에는 기존의 탈북민을 매개로 하는 통일선교목회가 매우 제한적 사역일 수밖에 없다는 인식과 함께 이를 넘어서는 한국교회 목회의 새로운 패러다임을 제시하기 위한 의도가 있었다. 통일목회는 분단 상황 속에서 북한을 품으며 통일을 지향하는 목회다. 그러나 통일목회는 개념적으로 추상적 부분이 있으며, 실제 내용에서 기존의 목회와 차별성이 많지 않았고, 남과 북을 품는 목회를 표방하는 목회를 지향하면서도 탈북민에 대한 구체적 강조점이 약했다. 또한 한국교회 안에 통일을 품도록 하는 데에 관심이 있었기에 주로 한국교회 목회자들에게 초점이 주로 있었다. 그렇다 보니 남한에서 살아가는 북한성도를 함께 품는 것이 통일목회여야 하는데, 정작 탈북민에 대한 강조가 부재하여 통일목회의 적실성이 현저히 떨어지는 측면이 있었다.

기존의 통일선교목회는 통일선교의 일환으로 탈북민을 매개로 하는 목회적 접근을 하였고, 통일목회는 한국교회의 새로운 목회 패러다임으로 자임하면서 등장하였다. 통일선교목회가 지엽적인 출발이었다면, 통일목회는 구체성이 결여된 목회라는 비판을 받게 되었다. 이런 상황에서 남북통합목회라는 개념의 등장이 위의 두 가지 비판을 숙고하면서 시작하게 되었다.

남북통합목회

이 책은 분단 시대를 살아가는 한국교회의 새로운 목회적 초점으로서 '남북통합목회'를 제안한다. 목회의 정의 가운데 문화적 이질성의 최소화 지양을 이룬다는 점에서 목회는 기본적으로 통합적 성격을 지닌다고 볼 수 있다. 왜냐하면 목회는 너무나 다른 출신과 성장배경을 갖고 있는 성도들을 대상으로 하여 주님의 몸 된 교회로 만들어 가려는 행위이기 때문이다.

다시금 정의해 보면 통합목회란 이질적인 두 집단 이상이 하나의 공통된 정신으로 연결되어 교회 내에서 함께 하나가 되어가는 목회를 말한다.[16]

본 연구에서 사용되는 남북통합목회란 다음과 같은 특징을 가진다. 남북한목회는 (1) 성경적으로 지지를 받는다. 통합목회에 관한 성경적 근거는 구약과 신약에서 수많은 예를 찾을 수 있다. 이것은 2부에서 다룬다. (2) 신학적으로 정당하다/건전하다. 통합에 대한 신학적 정당성. (3) 역사적으로 지속되어 온 목회다. 남북통합목회는 분단 이후 월남민들로부터 시작되어 그들의 명맥이 끊어진 90년대부터 탈북민을 중심으로 다시금 이어져 온 목회. (4) 현재에 실행가능하고, 미래에 적용가능한 통일한반도교회의 모델이다. 남북통합목회는 분단 상황에서도 남한교회에서 실시가 가능한 모델이며, 향후 북한에 문이 열리는 다양한 방식에서도 적용 가능한 모델이다. 다시 말해서 서로 다른 남과 북의 주민들이 복음으로 한 신앙공동체를 이루고 서로의 이념, 문화, 정서 등의 차이를 극복하고 용납해 가는 목회를 일컫는다.

'남북통합목회'는 현재의 한국교회뿐만 아니라 미래까지도 함께 아우른다. 현재 한국교회가 외면하고 있는 탈북민들과 어떻게 교회를 세워가야 할 것이며, 나아가 미래에 북한이 개방을 하거나 통일이 되었을 때, 한국교회와 북한교회가 어떻게 연합하여 교회를 세워갈 것인지에 대한 고민도 담겨 있다. 그런 면에서 이 책은 북에서 온 탈북민, 나아가 통일 이후 북한 주민들과 어떻게 교회를 세워나갈 것인지에 대한 고민이 담겨 있다.

남북통합목회가 '통일목회'와 다른 것은 통일목회는 한국교회에 초점이 있다면 남북통합목회는 '서로'에게 초점이 있다. 이것은 '통일'과 '통합'의 의미의 차이에서 오는 관점이기 때문이다. 그래서 통일목회는 한국교회가 주도권을 가지고 탈북민과 통일선교를 해야 한다는 의미라면, 통합목회는 서로 다른 것들을 인정하고 서로를 교회로 묶는다는 의미다. 결국 남북통합목회는 서로 다른 남한과 북한이 교회로 하나가 되게 하는 것이다.

통합을 사회적으로 이루려고 하는 것이 '남북사회통합'이다. 남북사회통합을 이루는 것에 있어 법이나 제도의 통합은 나름대로 해결해 나갈 수 있으나, 남북 주민들의 세계관과 서로 다른 문화를 하나로 통합해 나가기는 쉽지 않을 것이다. 그중에 독일의 예를 들면 통일이 된 지 30여 년이 되지만 여전히 동독 주민들은 '2등국민'이란 의식을 가지고 있다. 통일은 되었지만 통합은 이루지 못한 것이라 볼 수 있다. 이런 갈등이 사회 속에 지속해서 남아 있다면 이것을 해결할 수 있는 것은 영적인 신앙일 것이다. 즉 영적인 통합을 통해 남북의 모든 문제를 통합시켜 나갈 수 있게 하는 것이 바로 '남북통합목회'인 것이다. 이러한 통합의 문제를 교회의 관점으로 해결해 보고자 하는 노력의 하나가 이 책이다. 그래서 한국교회의 미래는 '남북통합목회'에 달려 있다고 할 수 있다.

3
남북통합목회의 성경적 토대

목회는 하나님의 선교적 백성으로 부름받은 공동체를 양치는 목자의 심정으로 섬기는 일이다. 하나님께서 아브라함으로부터 시작하여 하나님의 선교적 백성을 부르신 것으로 이해한다면, 목회 그리고 통합목회의 원형적 모습 역시 구약에서부터 찾아볼 수 있다. 김병원 교수는 목회를 "목자가 양을 치는 것같이 목사가 하나님의 양이요 자녀들인 신자들을 진리로 가르치며 기르는 것을 의미한다"고 하였다.[17] 그런 점에서 구약 시대를 목회의 관점에서 해석할 수 있다고 그는 주장한다.

구약에 나타난 교회의 가장 원형적 모습은 창세기 12장에 나타난다. 바로 하나님께서 아브라함을 찾아오시고 선택하신 사건에서 시작된다. 하나님은 아브라함을 택하여 이스라엘을 그의 백성으로 삼고자 하셨고, 더 나아가 이스라엘을 통하여 온 열방을 구원하고자 하셨다.

"여호와께서 아브람에게 이르시되 너는 너의 고향과 친척과 아버지의 집을 떠나 내가 네게 보여 줄 땅으로 가라 내가 너로 큰 민족을 이루고 네게 복을 주어 네 이름을 창대하게 하리니 너는 복이 될지라 너를 축복하는 자에게는 내가 복을 내리고 너를 저주하는 자에게는 내가 저주하리니 땅의 모든 족속이 너로 말미암아 복을 얻을 것이라 하신지라." 창 12:1-3

이스라엘 자손을 향한 하나님의 의도와 계획은 출애굽기 19장 3-6절에서 선명하게 드러난다.

"모세가 하나님 앞에 올라가니 여호와께서 산에서 그를 불러 말씀하시되 너는 이같이 야곱의 집에 말하고 이스라엘 자손들에게 말하라 내가 애굽 사람에게 어떻게 행하였음과 내가 어떻게 독수리 날개로 너희를 업어 내게로 인도하였음을 너희가 보았느니라 세계가 다 내게 속하였나니 너희가 내 말을 잘 듣고 내 언약을 지키면 너희는 모든 민족 중에서 내 소유가 되겠고 너희가 내게 대하여 제사장 나라가 되며 거룩한 백성이 되리라 너는 이 말을 이스라엘 자손에게 전할지니라." 출 19:3-6

이 말씀에서 하나님은 이스라엘이 그의 소유이며 제사장 나라이자 거룩한 백성이 될 것이라고 하신다. 하나님의 소유가 된다는 것은 하나님의 선택을 받은 백성이라는 의미다. 하나님의 백성으로 선택받았다는 의미는 하나님과의 특별한 관계 가운데 초청받았다는 것이며, 이는 동시에 하나님의 뜻대로 순종하는 책무로 이어진다신 26:16-18. 제사장 나라는 이스라엘 백성이 하나님과 열방을 매개하고 중보하는 역할을 해야 한다는 의미를 지닌다. 하나님의 이름을 온 열방 가운데 선포해야 하는 책임이 이스라엘 백성에게 주어졌음을 가리킨다. 하나님의 구원 사역의 역할과 연결된다. 거룩한 백성이 될 것이라는 의미는 이스라엘 백성이 세상의 다른 민족들과 구별된 존재로서 행함(doing) 이전에 존재(being)로서 세상 가운데 하나님의 성품과 모습을 증거하는 역할을 맡게 될 것이라는 약속이다.

구약에 나타난 통합목회

목회의 관점에서 성경의 구약 시대를 바라보면 어떨까? 하나님은 시대마다 특정한 인물을 택하여 이스라엘 백성을 인도하시고 다스리셨다. 이를 구약의 목회라고 할 수 있다.[18] 하나님은 아브라함과 이삭, 야곱을 통한 목회의 모습을 보여주셨으며, 출애굽 시대에는 모세와 여호수아를 세워 이스라엘 백성을 목양하게 하셨다. 선지자들 역시 목회자와 같은 모습으로 이스라엘 백성에게 하나님의 말씀을 선포하였다. 그들은 백성에게 하나님께서 기뻐하시는 바른 길을 권면하며, 그들의 우상숭배와 같은 죄악에 대해서 따끔한 충고의 말씀을 선포하였다. 이들의 가장 큰 역할은 이스라엘 백성으로 하여금 하나님의 백성의 정체성을 가지고 살도록 하는 데에 있었다. 포로 시대의 에스겔은 참 목자와 거짓 목자를 구별하여 경고하기도 하였다 겔 3장. 이처럼 구약 시대를 목회라는 관점에서 볼 때, 구약에서 통합목회의 모습을 발견할 수 있을까?

구약은 이스라엘 한 민족을 주된 대상으로 하기 때문에 통합목회의 모습이 두드러지지는 않는다. 그러나 구약 안에도 이질적 요소를 하나로 모으려는 목회적 행위가 등장한다. 그중의 하나는 여호수아서에 나타난 기브온 족속에 대한 것이며, 다른 하나는 다윗이 남유다와 베냐민 두 지파를 넘어서 나머지 열 지파도 통합하는 것이다.

첫째, 이스라엘 민족이 가나안 땅에서 마주했던 기브온 족속이 이스라엘과 함께 살아가게 된 사건이다수 9장. 여호수아서 2장의 이방 여인인 라합이나 룻기에 등장하는 룻의 이야기는 개인적 사건이지만, 기브온 주민은 이스라엘 공동체와 배타적 관계에 서 있던 이방인 집단이었다. 비록 거짓말을 했지만 그로 인하여 기브온 주민은 살아남게 되었고, 이스라엘이 통치하는 가나안 땅 안에서 "여호와의 제단을 위하여 나무를 패며 물을 긷는 자들"수 9:27로 살아가게 된다.[19] 이들은 후에 포로 귀환 때에 "느디님 사람들"스 2:43, 58, 70; 7:7, 24; 느 7:46, 60, 73로 기록되는데, 후대에 이들이 노예가 아닌 성전에서 봉사하는 귀한 직분으로 자리 잡았음을 알 수 있다. 이는 가나안 땅에서 이스라엘과 기브온 주민이 평화롭게 거주하며 살았던 것을 보여주는 사건으로서 완전한 통합은 아니었지만 구약 시대에도 이질적인 민족들 간의 통합의 씨앗이 나타났음을 보여준다. 더 나아가 이방인들도 성전 기도에 참여대하 6:32-33하는 비전과 이스라엘 백성의 절기에 참여대하 30:25하는 모습을 통하여 이방인들도 이스라엘에 통합되는 모습이 그려지고 있음을 발견할 수 있다.[20]

둘째, 다윗이 통일왕국을 세워가는 모습은 다윗의 통합목회적 측면을 보여준다. 다윗의 통치는 이스라엘과 이방인의 통합이 아닌 갈라진 이스라엘 백성 간의 통합을 드러낸다. 하나님이 다윗 언약 가운데 다윗을 목자에서 이스라엘의 주권자로 상승시킨다는 말씀삼하 7:8에서 목자와 왕은 서로 연결되는 개념이다. 이는 하나님의 양인 이스라엘을 목자 되신 하나님이 다스리며 그의 대리자를 통해서 이끌어 가신다는 사실을 보여준다.[21] 다윗은 왕위에 오른 뒤, 남유다(유다, 시므온) 지파들과 나머지 북방의 이스라엘 지파들을 통합시키기 위한 노력을 하였다. 이를 위해 그는 남쪽 헤브론에 위치한 수도를 더 북쪽인 예루살렘으로 옮겨 다윗성으로 삼아 통치하였다삼하 5:9-10. 이는 북쪽 이스라엘을 위한 조치라고 할 수 있다. 또한 이스라엘의 영적 구심점이 되는 법궤가 70여 년간 기럇여아림에 방치되어 있을 때, 이를 예루살렘으로 옮기면서 이스라엘의 영적 통합을 주도하였다삼하 6장. 이것이 후대에 예루살렘에 성전이 세워지는 기초가 되었으며삼하 24장; 대하 3:1 예루살렘이 이스라엘 종교의 가장 중요한 중심지로서 기능하게 된 요인이 되었다. 그 외에도 다윗은 영적 제도와 행정 제도를 통해 통합을 이루어 갔다. 제사장 중심으로 24 반차의 찬양대를 조직하여 예루살렘의 법궤 앞에서 찬양하게 하였고대상 25장, 이를 통해 성전중심의 제사와 예배를 강화하였다. 행정적으로는 이스라엘 각 지파의 지도자들을 세워서 그들로 각 지파를 다스리게 하였다대상 27:16-22. 이는 예루살렘으로의 중앙집권화를 꾀하면서도 각 지방의 지도자들을 세워서 중앙과 지방 간의 원활한 소통을 도모한 것으로 볼 수 있다. 이를 통해 다윗은 전국을 여호와 중심의 원리에 따라 하나로 묶었으며, 제도적으로도 중앙과 지방의 소통을 강화하였다.

이러한 다윗의 통합 사역은 이후에 성경에서 이스라엘을 다스리는 영적, 제도적 목회자의 전형典型으로 소개된다. 에스겔은 이스라엘의 이상적인 목자를 다윗으로 비유하면서, 바벨론 포로기 이후에 다시 세워질 이스라엘을 다스릴 목자는 다윗이라고 예언한다겔 34:23-24. 이는 하나님과 이스라엘 백성이 맺은 다윗 언약이 여전히 유효함을 의미하며, 후대에 다윗 언약을 따라오실 예수 그리스도를 예표하는 것이다. 더 나아가 다윗은 이스라엘뿐만 아니라 열방을 다스리는 통치자의 모습으로까지 확장되어 묘사된다. 이사야는 "이새의 줄기에서 한 싹이 나며… 세상의 겸손한 자를 판단할 것이며 그의 입의 막대기로 세상을 치매"사 11:1, 4로 표현한다. 또한 10절에 "그날에 이새의 뿌리에서 한 싹이 나서 만민의 기치로 설 것이요 열방이 그에게로 돌아오리니 그가 거한 곳이 영화로우리라"라고 말함으로써 다윗의 통치가 열방의 통치로 이어질 것임을 선포한다.

신약에 나타난 통합목회
예수의 통합목회

공생애 기간 동안 예수는 이방인을 배척하는 듯도 했지만, 동시에 이방인을 품는 모습을 보여주셨다.[22] 이방인 백부장 사건마 8:5-13과 수로보니게 여인의 사건막 7:24-30에서 이방인인 그들의 하인과 자녀가 예수께 고침을 받는 데에는 그들의 믿음이 있다. 사마리아 여인의 사건요 4장도 마찬가지다. 예수는 이스라엘에 보냄 받은 우선성을 말하지만 이방인들의 큰 믿음을 보시고 그들의 간구를 들어주심으로써 이방인이 예수 그리스도의 나라에 들어올 수 있는 방법은 믿음임을 보여주신다.

예수는 이방인을 받아들이셨지만 이들을 위한 목회를 하신 것으로는 볼 수 없다. 그러나 예수는 이방인을 받아들일 신학적 토대를 만들었다. 착한 사마리아인의 비유눅 10:25-37에서 이스라엘의 종교지도자들은 부정적으로 묘사되지만 사마리아인은 착하고 선한 대상으로 묘사된 것에서 사마리아인과 같은 이방인을 예수가 품으셨던 것을 알 수 있다. 또한 성전 청결 사건에서 이사야서 56장 7-8절을 인용하시며 "내 집은 만민이 기도하는 집이라"막 11:17라고 하신 말씀은 그가 세상 열방을 품고 계심을 보여준다.

예수가 이스라엘과 이방인의 통합목회의 신학적 방향성을 구체적으로 언급한 것은 그의 지상명령마 28:18-20에서 나타난다. "가서 모든 민족을 제자로 삼으라"라는 명령은 복음이 유대인의 경계에 갇히지 않고 세상으로 나아가게 되어야 한다는 사실을 의미한다. 또한 예수의 승천 시 사도행전 1장 8절을 통해 "예루살렘과 온 유대와 사마리아와 땅끝까지 이르러 내 증인이 되리라"라는 말씀을 통해 다시 한번 복음의 '탈 이스라엘화'를 보여주신 것이다.

초대교회의 통합목회

예수의 통합목회를 실천적으로 적용한 이들은 그의 초대교회 제자들과 바울이다. 먼저 예루살렘교회의 경우 유대인 구성원 내부에서부터 통합목회의 필요성이 제기되었다. 헬라파 과부들이 구제에서 제외되는 문제로 인해 히브리파와 헬라파 유대인 간의 갈등이 표출된 사건은 예루살렘교회 안에서 이질적 구성원들로 인한 갈등이 목회적으로 해결되어야 했음을 보여준다.[23] 헬라파 유대인은 헬라어로 예배하고 기도하는 자들이며 히브리파 유대인은 아람어를 모국어로 쓰는 이들이다. 이 두 이질적 그룹의 충돌을 방지하기 위해 초대교회는 일곱 집사를 세워 그들로 하여금 구제를 주관하도록 하고 사도들은 말씀과 기도에 집중하는 목회적 구조를 만들었다. 초대교회가 일곱 집사를 세운 사건은 통합목회의 관점에서 이해할 수 있다.

예루살렘교회가 초창기에 유대인 집단 안에서 나타난 이질적인 이들의 통합을 위해 노력했다면, 바울은 자신이 개척한 여러 교회에서 유대인과 이방인의 통합목회를 이뤄갔다. 특히 안디옥 교회는 통합목회의 원리와 실천을 동시에 보여주는 교회의 모델로서 주목할 만하다. 안디옥 교회는 사도행전 11장에서 "스데반의 일로 일어난 환난으로 말미암아 흩어진 자들"행 11:19이 안디옥에 이르러 헬라인에게 복음을 전하면서 세워진다. 예루살렘 교회는 바나바를 보내어 안디옥교회를 감독하게 하고, 후에 바나바는 다소에 있는 사울을 찾아서 데려와 함께 동역하여 안디옥교회를 이끌었다.

사도행전 13장에는 안디옥교회의 지도자들이 나오는데 유대인인 바나바와 바울, 북아프리카계 사람인 니게르 시므온과 구레네 사람 루기오, 그리고 헤롯의 젖동생 마나엔까지 총 5명이 언급된다. 바나바는 오순절 성령강림 이후에 예루살렘교회에서 사도들과 적극적으로 활동한 헬라파 유대인이었다.[24] 누가가 바나바에게 '선한 사람'행 11:24이라는 수식을 사용한 것으로 보아 그의 내적성향과 성품을 하나님의 속성과 성품을 닮은 것으로 표현하고자 했던 것으로 보인다.[25] 바울은 태어날 때부터 로마시민이었고 디아스포라 유대인이었다. 그러나 그는 히브리인의 정체성을 가지고 있었고, 그 정체성 때문에 원래 기독교인들을 핍박했다. 그는 정통 히브리인의 정체성을 바탕으로 이교로 취급되던 기독교인들을 강력하게 핍박했던 것이다. 니게르(Niger)인 시므온에 대해서는 많은 논의가 있지만 그를 묘사하는 단어인 '니게르'를 통해 볼 때 북아프리카 흑인 계열이라고 추정된다.[26] 당시 안디옥은 인구 50만 명을 보유한 국제적인 대도시였다. 안디옥은 헬라인, 이집트인, 유대인 등이 함께 공존하는 도시였기 때문에 흑인이라고 차별받는 도시는 아니었을 것이다.[27] 구레네 사람 루기오에 대해서 알 수 있는 단서는 많지 않고, 다만 그가 구레네 출신이라는 점만 알 수 있다. 구레네는 오늘날 북아프리카의 리비아 지역을 가리키며, 이에 따라 그가 시므온과 같이 흑인이었을 가능성을 배제할 수 없다. 누가가 그의 신분에 대해서 자세하게 기록하지 않은 것으로 보아 일반인이거나 하층민이었을 가능성이 높다.[28] 마지막으로 헤롯의 젖동생 마나엔이 있다. 여기에서 언급된 헤롯은 헤롯 안티파스(Antipas)로서 예수님 시대에 갈릴리와 베뢰아의 분봉왕으로 다스렸던 자이다. 마나엔의 어머니가 헤롯 안티파스의 유모였을 가능성이 높으며, 그렇다면 마나엔은 왕궁에서 그와 함께 자라난 이일 것이다. 사도행전을 기록한 누가가 헤롯 왕궁의 상황을 잘 아는 것으로 보아(눅 8:3), 누가는 마나엔을 통해서 왕궁 내의 정보를 얻었을 가능성이 크다. 그는 아마도 높은 귀족이었을 것이다.

이상과 같이 안디옥 교회의 지도자들의 면면을 살펴보면 안디옥교회에서 유대인과 이방인의 통합목회가 이루어진 이유를 나름대로 설명할 수 있다. 첫째, 안디옥교회에는 넓은 포용성을 가진 지도자가 있었다. 안디옥교회의 핵심 리더인 바나바는 예루살렘교회에 의해 파송된 사역자였는데, 그 당시 아직 인정받지 못했던 바울을 찾아가 동역자로 삼았다. 이와 함께 다양한 배경을 가진 지도자들을 품는 리더십을 보여주었다.

둘째, 안디옥교회는 유대인 중심의 예루살렘교회와는 달리 다양한 문화적 배경을 가진 사람들로 구성된 교회였다. 안디옥교회는 유대인과 이방인이 최초로 모여서 세운 신앙공동체로서, 인종적 다양성(히브리파와 헬라파 유대인, 북아프리카 계열의 인종 등)과 사회 계층적 다양성을 가졌다. 이는 예수가 열어놓으신 유대인과 이방인의 통합목회를 구체화한 것이다.

셋째로, 안디옥교회의 다문화적 특성은 선교적 비전을 가진 역동적 공동체의 토대가 되었다. 어떤 공동체 안에 이질적 문화가 들어오면 초창기에는 어려움이 있지만, 그것을 어떻게 극복하느냐에 따라 이전보다 더욱 건강한 공동체가 되는지의 여부가 결정된다. 안디옥교회는 선교적 방향성을 통해 교회 내 이질적 부분들을 극복했던 것으로 볼 수 있다. 안디옥교회가 선교적이었던 이유는 바울의 교회론에 근거한다. 바울은 에베소서에서 그리스도 안에서 유대인과 이방인의 경계가 무너지며 '한 새사람'으로 지어짐을 말한다엡 2:11-22. 여기에서 '지어진다'는 것은 새로운 창조를 의미한다. 교회 안에서 인종의 경계가 무너지고, 사회적 차별이 극복된다는 것이다. 이러한 교회가 "그리스도 예수 안에서 함께 지어져"엡 2:22 간다는 말씀은 더 많은 유대인과 이방인이 하나 되어 하나님나라의 전진기지인 교회로 들어오게 됨을 의미한다.

이렇게 보았을 때 신구약 성경은 서로 이질적인 사람과 사람, 집단과 집단이 만나 갈등하는 것을 넘어서 더 큰 목적 안에서 연결되고 통합되며 하나 되는 모습을 보여준다. 이는 남북통합목회가 지향하는 통합목회의 가장 중요한 토대가 된다. 이어지는 장에서는 남북통합목회의 교회론과 목회적 실천에 있어서 본 연구자들이 중요하게 생각하는 두 가지 이론적 틀을 살펴보기로 하겠다. 하나는 '선교적 교회론'이며 다른 하나는 서로 이질적인 집단 간의 접촉의 중요성을 말하는 '접촉 이론'이다.

제2부

남북통합목회의 첫 번째 물결

한민족이 분단된 지 76년이 넘어가고 있다. 민족 분단의 시간만큼 남북 교회의 분단도 같은 시간이 지났다. 해방 전까지 북한 지역의 교회는 남한 지역의 교회보다 더 왕성하고 수적으로도 많았다. 그러나 현재 북한에는 소위 두 곳의 공인교회(봉수교회와 칠골교회)밖에 없는 반면, 남한에는 약 6만여 개의 교회가 있다. 1945년에 미군과 소련군이 각각 남한과 북한에 진주한 이후 한반도의 교회는 서로 분리되어 지금에 이르렀다. 1980년대부터 남북한의 교회가 몇 차례 만났지만 형식적이거나 선언적 의미의 차원에 머물렀다. 이런 상황에서 향후 통일이 다가온다면 70여 년간 단절된 채 이질적인 길을 걸어온 남북한의 교회는 과연 하나가 될 수 있을까?[29]

본 연구는 이 질문에 답을 찾기 위해 남북한의 주민 혹은 그리스도인들이 서로 조우하며 교회를 세워왔던 과거의 사례에 주목하고자 한다. 90년대 이후 북한이탈주민의 본격적 등장과 그들의 정착 과정에서 나타났던 남북통합목회의 모습은 본 연구의 주된 초점이다. 그런데 연구자들은 그 이전인 1940년대 중반 이후 6.25전쟁 중에 북한 체제를 떠나 남한으로 내려와 정착했던 월남민에게서도 남북통합목회의 맹아적 모습이 나타났다는 점에 주목하였다.

1

월남민을 통한 남북통합목회 시작

월남민 목회는 무엇인가?

남북통합목회는 갑작스럽게 생겨나지 않았다. 이미 한민족 분단의 역사 속에서 자연스럽게 그 개념과 형태가 맹아적 모습으로 나타났다. 1945년 해방 이후에도 왕성하게 활동하던 북한 지역의 교회는 소련군과 함께 들어선 김일성 정권에 의해서 차츰 활동의 제약을 받게 되었다. 당시 북한 지역에 세워진 교회들은 공산당과의 연합도 모색하였으나 소련군정의 보호하에 김일성이 권력을 장악하는 과정에서 기독교와 반목하게 되었다. 그 결과 북한 지역의 그리스도인들은 더 이상 북한에 남아서 신앙생활을 지속하기 어렵다고 판단하고 대탈출(exodus)을 감행했다. 이는 대략 네 개의 시기로 구분되며, 그 특징은 다음과 같다.[30]

1) 해방 초기(1945년~ 1947년 말): 우익인사들, 신의주사건에 연루된 청년층, 지주 등 자산가 그룹

2) 해방 중기(1948년 ~ 1948년 말): 월남민 숫자 감소

3) 해방 후기(1949년 ~ 1950년 6월): 북한정부 수립 후 월남민 수 대거 증가

4) 한국전쟁기(1950년 7월 ~): 전쟁기와 1.4후퇴 때 대거 월남

남한으로 내려온 월남민들은 저마다 다양한 배경을 갖고 있지만, 이들이 월남한 가장 주된 이유는 다음과 같이 정리된다. 이들의 월남에는 사상 및 정치적 이유(30.2%)가 가장 많았으며, 그다음은 농지개혁 및 재산몰수(14.6%), 그리고 국군의 피난(13.3%)이었다.[31] 여기서 사상적 이유는 개신교회에 대한 종교적 핍박을 가리킨다. 북한을 떠나온 월남민들은 남한으로 내려오자마자 교회를 세우고 교회를 중심으로 생활하였다. 남한에 내려온 북한지역 출신 목회자들은 1947년 8월 15일에 "이북신도대표회"를 만들었다. 이들이 결정한 두 가지 사항은 "① 월남한 교우를 위하여 월남 목사들은 교회를 신설토록 할 것, ② 월남한 교우들의 자녀교육을 위하여 중등교육 교육기관을 설립토록 할 것"이었다.[32]

당시 남한교회는 월남 목회자들이 세운 교회를 인정하여 장로교회에서 1952년 4월 제37회 총회를 통해 '비상조치법'을 제정하여 월남한 4백여 교역자와 수만의 평신도를 남한교회의 일원으로 받아들였다. 그 결과 이북노회(무지역노회)가 탄생했고 총회의 40% 정도를 차지하게 되었다.[33] 이후 월남민들이 세운 교회는 남한교회 안에 무사히 안착했으며 그 가운데에 상당수가 대형교회로 성장했다. 영락교회는 20년 가까이 한국의 최대교회였으며 1965년에 이미 재적 교인 1만 명을 돌파하여 1980년에는 그 수가 37,573명에 달하였다.[34] 아래 [표1]은 월남 목회자가 목회하여 성장시킨 교회들이다.

장로교 합동	장로교 통합	감리교	성결교	순복음
충현교회 (김창인, 평북)	영락교회 (한경직, 평북)	금란교회 (김홍도, 평북)	신촌교회 (정진경, 평남)	벧엘교회 (박덕종, 함남)
성도교회 (황은균, 평남)	노량진교회 (림인식, 중국 봉천)	인천숭의교회 (이성해, 강원 김화)	신길교회 (이낙현, 평북)	여의도순복음교회 (조용기 & 최자실, 황해)
대구서문교회 (이성헌, 북한)	소망교회 (곽선희, 황해)	부천제일교회 (최기석, 황해)	장충단교회 (함경도 성도들 유입)	
강남교회 (김재술, 함흥)	송학대교회 (방관덕, 평북)	남산감리교회 (변홍규, 평양)	충무교회 (박명원, 함흥)	
평안교회 (김윤찬, 평양)	구파발교회 (임종헌, 평남)	일신교회 (조경우, 개성)	종로교회 (현 삼성제일교회) (김중환, 함흥)	

[표1]

월남민 목회 방식은 어떠했는가?

월남목회자들이 남한에서 목회한 방식은 크게 두 가지로 나뉜다. 첫째, 월남 성도들과 함께한 목회였다. 베다니교회(영락교회 전신)를 세운 한경직 목사나 충현교회를 세운 김창인 목사는 1949년에 함께 월남한 성도들과 교회를 개척하였다.[35] 월남한 교인들은 남한에 와서 교회 세우는 데에 집중하였는데 이 사실은 교회 개척 숫자로도 나타난다. 1950년대 신설된 2천 개 이상의 교회 중 90% 이상이 월남민들이 세웠다.[36] 월남민들은 남한에 내려왔지만 해방 후 북한에 비해 남한의 기독교세가 작아 "자신들만의 신앙색깔과 동향의식이 있었기에 한층 더 외로움을 느껴서 후일에 서울에 월남민 중심으로 교회를 많이 세우게 되었다."[37] 둘째, 월남 성도들이 기존의 남한교회에 들어가서 월남 목회자를 청빙하는 경우였다. 예를 들면 대전에서 가장 영향력 있는 장로교회였던 대전제일교회의 김만제 담임목사는 원래 충북 공주 출신이지만 함흥에서 목회하다가 해방 이후 월남하였다. 해방 이후 함흥 지역의 월남민들이 대전에 정착한 후 제일교회에서 그를 청빙하면서 급격하게 교인 수가 증가하였다.[38]

첫째 방식처럼 월남 목회자와 월남 성도들 중심으로 세워진 교회는 오랜 기간 동안 월남민의 정서가 지배적인 경우가 많다. 적어도 월남 1세대의 생존 기간에는 북한 지역의 문화와 정서적 특성이 주류인 경우가 많다. 대표적으로 영락교회가 그러하다. 그러나 둘째 방식의 경우에는 교회 내에서 남북의 문화가 자연스럽게 교류하면서 한 세대가 지나기 전에 월남민 정서가 많이 퇴색되었다.

남북통합목회 차원에서 본다면 후자의 교회가 남북한의 정서와 문화 면에서 좀 더 통합적이라고 생각한다. 그러나 월남민 목회자와 월남민 성도들이 남한사회에서 남한 성도들과 함께 서로 통합해 가는 과정에 대한 연구는 지금까지 거의 존재하지 않기에 이에 대한 연구는 향후 과제로 남겨 놓는다. 그러나 어떠한 형태로든지 한국전쟁 이후에 남북한의 성도들이 남한 지역에서 신앙을 매개로 서로 교류하며 하나 되는 과정을 지난 70여 년간 진행해 오고 있음은 분명하다. 이런 측면에서 월남민 목회를 남북통합목회의 시초로 볼 수 있을 것이다.

월남민 목회를 어떻게 평가할 수 있을까?

월남 목회자들이 월남 성도들을 중심으로 목회한 것을 남북통합목회의 시초로 보는 데에는 북한 지역에 있던 성도들이 남한에 와서 정착하면서 남한 성도들과 함께 교회 공동체를 세워가는 일이 일어났기 때문이다. 이러한 월남민 목회를 세 가지로 평가하고자 한다. 첫째, 월남민 목회를 통해서 한국교회는 분단 이후에도 남북한 간의 '사람의 통일'을 준비하는 방식으로 목회를 통해서 지속적으로 시행하고 있었다. 이런 점에서 월남민 목회를 남북통합목회의 씨앗으로 볼 수 있다. 하지만 그 당시는 남북한 간의 문화적 차이가 크지 않은 동일문화권 내의 교회로 여겼기 때문에 통합의 관점에서는 큰 주목을 받지 못하였다. 오히려 월남민 중심의 목회가 남북통합목회라는 관점에서 보게 된 계기는 90년대의 대량 탈북을 통한 탈북민의 등장과 이들에 대한 목회에 주목하면서부터다. 2000년대 들어서 본격화된 탈북민 목회는 '사람의 통일'의 중요성을 점차 깨닫게 하였고, 이를 통해 한국교회 내에 있었던 월남 목회자와 성도들의 존재를 다시 재조명하게 된 것이다. 하나님은 분단 이후에도 남북한 사람 간의 통합의 경험을 지속적으로 허락해 주셨음을 다시금 확인하게 된다.

둘째, 월남민 목회를 중심으로 한 남북통합목회는 한국교회 부흥의 새로운 원동력이 되었다. 해방 이후 남한은 북한과 달리 복음전파에 제약이 없었다. 미군정은 북한에서 내려온 성도들이 남한 지역에서 교회를 세우는 데 직간접적으로 큰 도움을 주었다. 이런 배경하에서 북에서 내려온 목회자와 성도들이 세운 교회는 6.25 전쟁 이후에 전쟁의 화마를 딛고 급속도로 성장하게 되었는데, 이것이 한국교회 전체의 부흥과 성장을 위한 촉매제가 되었다.

셋째, 월남민 목회를 중심으로 나타났던 남북통합목회는 한국교회의 신학적 정체성을 분명히 세우는 계기가 되었다. 한국교회 안에 교단의 분열

(고신 분열, 기장 분열, 합동과 통합의 분열)이라는 아픔도 함께 겪었지만, 한국교회가 건전한 신학으로 이단에 대처하는 긍정적 열매가 있었고, 이를 통하여 한국교회가 복음적 신학의 토대 위에 세워지는 과정이 있었다.

위와 같은 긍정적 평가와 함께 월남민을 중심으로 이뤄졌던 초창기의 남북통합목회에 대한 한계점도 발견된다.

첫째, 월남민 목회는 분단 이후에는 더 이상 월남하는 성도들이 사실상 없었기 때문에 그 자체로는 더 이상 성장하지 못했다. 물론 남하한 월남민 목회자와 성도들이 세운 교회들은 한국교회 내에서 많은 영향력을 발휘하였지만, 정작 북한에서 남한으로 내려오는 사람은 90년대 말부터 탈북민이 대량으로 들어오기 전까지 거의 없었기 때문에 월남민 중심의 목회는 성장하지 못한 채 '남한교회화'되었다고 볼 수 있다.

둘째, 월남민 목회 자체가 남북한 사람 간의 통합목회에 대한 의식적 이해가 있었던 것은 아니다. 남한교회가 월남민 목회자와 성도들을 교회의 일원으로 차별 없이 수용하며 교회를 세워갈 수 있었다는 측면에서 월남민 목회는 남북통합목회의 요소를 담고 있는 것은 분명하다. 하지만, 서로의 다름을 적극적으로 수용하는 남북통합목회의 지향과 실천이 구체적으로 드러났다기보다는 공동의 적인 북한에 대항하는 측면에서 하나를 이루게 된 측면도 크다.

그 결과 월남민 중심 목회는 한국사회 내에 강한 반공주의를 양산하는 통로로 작동하였다. 공산 세력의 만행을 북한에서 직접 경험했기에 북한 체제를 바라보는 이들의 시선은 매우 부정적이었다. 따라서 그들의 반공의식이 보수 한국기독교의 주된 정서로 자리 잡는 과정 속에서 북한을 선교의 대상으로 바라보고 이해하는 관점이 오랫동안 성장하기 어려웠다.

　이러한 한계에도 불구하고, 월남민 목회는 남북통합목회의 씨앗을 뿌린 목회였다. 그리고 여기에서부터 출발하여 90년대 말에 들어오기 시작한 수많은 탈북민의 존재는 본격적인 탈북민 목회를 가능하게 하였고, 연구자들은 이를 통하여 기존의 월남민 목회도 재조명하게 되었다.

2

남북통합목회의 새로운 마중물: 탈북민[39]

탈북민과 월남민

90년대 중반 연속된 자연재해로 인해 발생한 대기근은 북한 사회에 심각한 타격을 주었으며, 이 '고난의 행군' 시기에 적어도 2~30만 명 이상의 북한 주민들이 살아남기 위해 중국 및 제3국으로 탈북하는 상황을 맞이하였다. 초창기의 탈북은 대부분 남한행을 위한 탈북이라기보다는 식량을 구해서 다시 북한에 들어가기 위한 탈북이었다. 하지만 점차 북한에 다시 돌아가기 힘든 형편에 처한 사람들이 남한 선교사 등의 도움을 받아 남한에 입국하기 시작했고, 탈북민이 늘어나기 시작하며 2000년대부터 한국교회에 북한선교의 새로운 장을 열리는 계기가 되었다.

엄밀한 의미에서 탈북민은 앞서 다룬 월남민과 비교할 때 여러 가지 면에서 서로 차이점을 가진다. 아래의 표는 월남민과 탈북민이 각자 처한 서로 다른 상황을 보여준다.

	월남민	탈북민
시기	1945년 해방 이후 – 1953년 정전까지	1990년대 중반 이후
문화	남북한이 비교적 동일문화권	남북한 문화의 이질화
심리적 배경	전쟁 직후 이산의 아픔을 함께 겪음	폐쇄된 사회주의 체제에서 형성된 심리
영적 배경	남한 성도들과 같은 신앙적 유산 소유	무신론적 반종교교육을 받음
사회적 배경	전후 회복에 함께 동참	한국의 기존 질서 안에서 사회적 저소득층에서부터 시작
이념적 배경	반공주의의 입장에서 남한 성도와 동지적 연대 형성	주체사상 영향을 오랫동안 받았으며, 남한에 와서는 대부분 강한 반공주의적 입장
통합에 대한 의지	통합에 대한 필요성을 느끼지 못할 정도로 거의 동일한 문화권	타문화권이나 마찬가지이기에 의지적으로 통합을 위한 노력을 기울여야 하는 상황

[표2] 월남민과 탈북민 비교

위에서 보듯이 월남민은 전후 남한 사회의 일원으로서 함께 출발하였다. 그래서 이들을 대상으로 하는 목회에서는 지역적 배경의 차이에도 불구하고 통합을 위한 큰 노력을 기울이지 않아도 되었다. 그러나 탈북민을 대상으로 하는 목회는 이미 상당히 오랜 기간 동안 이질화된 남북 간 문화와 역사적 경험의 차이 때문에 통합을 위한 의지적 노력이 매우 중요해졌다.

탈북민은 누구인가?

탈북민은 법률적으로 '북한이탈주민'이라고 불린다. 이는 1997년에 제정된 〈북한이탈주민의 보호 및 정착지원에 관한 법률〉에 따라 정부에서 쓰는 공식적 표기다. 이에 따르면 북한이탈주민은 "북한에 주소, 직계가족, 배우자, 직장 등을 두고 있는 사람으로서 북한을 벗어난 후 외국 국적을 취득하지 아니한 사람"으로 정의된다.[40] 실제 사역 현장에서는 북한이탈주민이라는 공식적 명칭보다는 '탈북민'이라는 이름이 널리 사용된다. 일반적으로 북한을 떠난 이들을 남한에 들어오기 전에는 '탈북자'로 부르고, 남한에 들어온 이후에는 '탈북민'으로 부르기도 한다. 통일부는 2005년 공모를 거쳐 '새터민'이란 용어를 제안했지만, 정작 탈북민 가운데 반대여론이 높아서 현재는 사용하지 않고 있다.

한편, 탈북민과 유사하나 정부에서 탈북민으로 간주하지 않는 사람들이 있다. 1) 재북 화교(북한에 거주하나 중국 국적 보유자), 2) 북한에 적을 두고 중국에서 살아가는 북한 동포(소위 '조교'로, 합법적 체류자격으로 중국에 거주하며 북한 국적을 가진 자), 3) 제3국 출생 탈북민 자녀(탈북한 북한 주민의 자녀로서 중국 등 제3국에서 출생하여 북한에 거주한 사실이 없는 자), 4) 북송재일동포(재일동포였다가 북한으로 귀국하여 정착한 이후에 북한을 다시 벗어나 일본에서 거주하는 자) 등은 남한으로 들어와도 일반적인 탈북민과 다르게 분류된다.

중국 및 제3국 내의 탈북자를 난민의 관점에서 볼 것인지, 아니면 이주자와 같은 범주로 볼 것인지에 대한 논의도 있다. 난민의 경우, 탈북자를 정치적 난민의 부류에서 보기 때문에 탈북자 문제는 정치적 이슈로 풀어야 하는 과제가 된다. 또한, 탈북자의 탈북을 '경제적 이주'의 관점에서 보는 관점도 있다. 경제적 이주란 저임금 지대에서 고임금 지대로 이동하는 것을 의미한다. 탈북자들이 탈북한 뒤에 돈을 벌어 다시 북한으로 돌아갈 가능성이 있기 때문에 이들을 경제적 이주자로 봐야 한다는 입장이다.

그렇다면 중국의 입장에서 탈북자들은 어떤 존재일까? 정치적 난민인가, 경제적 이주자인가? 중국은 탈북자를 난민이나 이주자로 모두로 보지 않고, 오히려 이들을 비자 없이 월경한 '불법 체류자'로 간주한다. 따라서 탈북자를 체포하면 당연히 본국인 북한으로 돌려보낸다. 여기서 수많은 인권 문제가 생겨나기 때문에 국내외 인권단체들은 탈북자 강제북송 반대운동을 한다. 이는 인도주의적 관점에서 충분히 가능한 입장이지만, 외교적으로 여러 문제를 낳는 쟁점이 되기도 한다. 이에 따라 중국은 외교적 문제를 피하기 위하여 탈북민 이슈가 생길 때마다 국경을 강화하거나 아니면 강제송환을 조용히 몰래 처리한다. 러시아의 경우, 1993년에 강제송환 금지 규정이 있는 '난민의 지위에 관한 협약'에 가입하였다. 따라서 중국과 달리 유엔난민고등판무관 등의 국제인권단체를 무시할 수 없는 처지며, 1990년대 초부터 형성된 한러 우호관계를 고려하여 처벌이 확실시되는 상황이 있더라도 탈북자 송환을 자제하고 있다.[41] 이에 따라 러시아에 있는 탈북자들이 난민 판정을 받고 남한에 오는 경우도 적지 않다.

요즘 한국사회에서는 탈북민을 다문화로 보아야 하는지에 대한 논의도 오고 간다. 몇몇 유사한 속성에도 불구하고 한국 정부는 탈북민을 다문화가족으로 간주하지 않는다. 다만, 학문적으로는 이주민의 관점에서 탈북민을 연구하는 흐름이 계속 이어지고 있다. 한국 정부가 탈북민을 다문화로 보지 않는 가장 근본 이유는 탈북민을 남북한 통합의 관점으로 보기 때문이다. 그러나 탈북민이 가진 다중적 성격을 감안하면, 장기적으로 보았을 때 다문화와 이주민 정책의 관점에서 지속적인 연구를 이어갈 필요는 있을 것이다.

탈북민이 얼마나 왔는가?

통일부 통계에 따르면, 탈북민의 국내 입국 규모는 1962년 6월 최초의 귀순자 이후 1990년대 초반까지 10명 내외로 비교적 적은 인원이었다. 그러다 1998년 이후 매년 급격히 증가하여 2002년 이후에는 매년 1,000명 이상의 탈북민이 입국하였고, 2006년부터 2,000명대를 유지하며 상승하다가 2009년 2,914명으로 정점에 도달했다. 이후 2010~11년에 김정은 체제가 시작되면서 탈북민의 수가 급격히 줄어들었고, 2012~2013년은 연간 1,500여 명 선이다가 2019년에는 1,047명까지 줄었다. 2020년에는 코로나 19로 인하여 불과 229명의 매우 적은 탈북민이 입국하였다. 2020년까지 국내에 입국한 탈북민의 숫자는 33,752명으로 집계되었다.

탈북민 입국현황('20.12월 입국자 기준)									
구분	~'98	~'01	'03	'08	'09	'10	'11	'12	'13
남	831	565	474	608	662	591	795	404	369
여	116	478	811	2,195	2,252	1,811	1,911	1,098	1,145
합계	947	1,043	1,285	2,803	2,914	2,402	2,706	1,502	1,514
여성 비율	12%	46%	63%	78%	77%	75%	70%	72%	76%
구분	'14	'15	'16	'17	'18	'19	'20	합계	
남	305	251	302	188	168	202	72	9,435	
여	1,092	1,024	1,116	939	969	845	157	24,317	
합계	1,396	1,275	1,418	1,127	1,137	1,047	229	33,752	
여성 비율	78%	80%	79%	83%	88.2%	80.7%	68.6%	72.0%	

[표3] 통일부 북한이탈주민 입국인원 현황

탈북민의 남녀 비율은 위의 표에서 보는 것처럼 여성의 비율이 72%로 남성보다 훨씬 높다. 남성보다 여성의 비율이 많은 데에는 북한 내에서 남성들은 직장에 의무적으로 출근해야 하며 장기간 군 복무를 해야 하기 때문이다. 반면에 북한에서 여성들에 대한 통제는 다소 덜하고, 생계를 위하여 여성들이 국경을 더 많이 넘기도 하며, 인신매매를 당해서 중국에 가는 경우도 적지 않기 때문에 여성의 비율이 높은 것으로 추측할 수 있다.

대부분의 탈북민은 서울과 경기, 인천 등 수도권에 거주한다. 북한에서 평양에 사는 것을 선망했던 영향도 있고, 다른 지역들보다 상대적으로 직장을 구하기 쉽다는 장점 때문이기도 하다.

지역	서울	경기	인천	부산	경북	경남	대구	충북	충남·세종
남	2,233	2,603	775	255	220	249	141	248	348
여	4,852	7,795	2,185	757	869	826	525	1,030	1,328
합계	7,085	10,398	2,960	1,012	1,083	1,075	666	1,278	1,676
지역	광주	강원	대전	전남	전북	울산	제주	계	
남	132	199	129	149	123	130	73	8,007	
여	456	610	488	460	417	367	248	23,213	
합계	588	809	617	609	540	497	321	31,220	

[표4] 탈북민지역별 거주현황 (2020 통일부 자료)

탈북민은 왜 생겨났는가?

탈북민이 생겨나게 된 배경은 시기에 따라 구분된다. 1990년대 중반 이전에는 정치·사상적 동기와 신변상의 이유로, 1990년대 중반 이후에는 대부분 식량난으로 인한 경제적 동기로, 1990년대 후반부터는 들어서는 장기

체류 및 남한으로의 입국을 목적으로 가족과 함께 탈북하는 양상이 늘어났다.[42]

남북하나재단은 탈북민의 탈북 배경에 대하여 대체적으로 경제적, 정치적, 종교적 이유 외에도 북한 주민의 정신적 변화도 일조하였다고 분석한다. 즉 탈북민의 탈북 동기는 단순히 하나가 아니라 복합적이라는 것이다.[43] 탈북민의 탈북 이면에 놓인 경제적 위기는 고난의 행군 시기에 나타났던 북한의 배급제도 마비에서 기인한다. 자립과 자력갱생을 강조하던 북한이지만, 식량난과 경제난을 맞이하자 많은 북한 주민들이 국경을 넘어 중국으로 가서 먹을 것을 찾아 나섰다.

경제적 이유로 탈북하게 된 부류는 세 가지다. 첫째는 식량구입 또는 돈을 벌 목적으로 나온 사람들, 둘째는 중국에 있는 친척의 도움을 받아 고향으로 돌아갈 목적으로 나왔다가 탈북으로 이어진 경우, 셋째는 밀수 또는 외화벌이 사업이라는 명분 아래 세워진 회사에서 일하던 중에 중국의 거래처로 돈을 받으러 나왔다가 탈북으로 이어지는 경우다.

정치적 이유로 탈북한 경우는 다음과 같다. 첫째로 북한 정부에서 금지하는 불법행위를 하여 발각되거나 잡힐 위기에 놓였을 때, 둘째는 중국에 대한 여러 소식을 듣고 동경심과 호기심 때문에 자발적으로 나오게 되는 경우, 그 외에 중국 및 제3국에서 체류하면서 북한에서 주입받았던 사상교육이 흔들린 결과 탈북하게 된 경우도 있다.

종교적 이유로는 첫째로 라디오 또는 기기를 통해 복음을 듣고 믿음이 생겨서 자발적으로 탈북하게 된 경우, 둘째로 기독교 관련된 물건들이 발각되거나 복음을 전하는 일을 하다 발각되어 탈북하게 된 경우다.

기타 이유로는 자신의 의사와 상관없이 가족을 따라온 경우나 범죄로 인해 도피처로 탈북한 사례들도 나타난다. 심지어 어떤 이는 점쟁이의 예언에 의해 탈북하게 되었다고 고백하기도 한다. 또한 유학을 나왔다가 탈북하는 경우와 가족의 권유에 의해 탈북하는 경우도 있다.[44]

탈북민은 어떤 상황에 처해 있는가?

탈북민은 탈북 후 세 방면에서 충격을 경험한다. 첫째, 정체성의 혼란을 겪는다. 그들은 한국으로 들어와 한국의 발전상을 보았을 때, 지금껏 속아 살아 온 것에 대해 상대적 박탈감을 갖게 되고, 나아가 배신감에 휩싸인다. 둘째, 자존감에 손상이 온다. 북한을 탈출하면서 중국과 이웃 국가에서 경험한 생사의 위협, 엄청난 공포감과 위화감 등으로 인해 탈북민들은 스스로 인간의 권리를 보장받지 못한다고 느낀다. 이는 자존감의 손상으로 이어지고 이내 이들을 힘들게 한다. 셋째, 소속감의 상실이 온다. 탈북민은 입국한 후 상대적 박탈감을 갖게 되어 결국 동질문화권을 형성하게 되고, 같은 처지의 탈북민을 찾게 되는 현상을 보이게 된다.

일반적으로 중국 및 제3국에 있는 탈북 여성들은 매우 위험한 상태에 놓이기 쉽다. 그들 중 일부 여성들은 인신매매로 원치 않은 결혼 강요와 자녀 생산을 하게 되어 자신의 삶을 다 잃어버리게 되는 경우도 적지 않다. 나아가 중국남성과 결혼했음에도 불구하고 중국 국적을 취득하지 못하여 북송의 위협 아래에서 계속적으로 불안한 삶을 살고 있는 경우도 있다.

국내에 들어온 탈북민의 갈등과 고민의 문제들은 다음과 같다. 첫째, 송금 문제다. 많은 탈북민들이 북한에 두고 온 부모 형제 때문에 밤잠을 이루지 못한다. 그래서 북한에서 연락이 오면 하던 일을 멈추고라도 돈을 벌어 그들이 원하는 액수만큼 보내고는 한다. 민간단체인 북한인권정보센터가 탈북민 400명을 대상으로 2014년 12월에 조사한 바에 따르면, 약 60%가 송금한 적이 있고, 그중 한 해 평균 900달러에서 1,800달러를 보낸 이가 36%로 가장 많았고, 1,800에서 2,700달러를 보낸 비율이 17%였다. 센터의 임순희 연구위원에 따르면, 탈북민 중에는 저소득층이 많지만 그럼에도 북에 있는 가족들에게 꾸준히 송금하는 이들이 있다고 한다.[45] 다만 코로나19의 상태와 북한현지의 사정으로 인해 최근에는 송금마저 보낼 수 없는 상황이 되었다.

둘째, 먹고 사는 경제적 문제이다. 상당수 탈북자들이 탈북 브로커에게 정착금을 갈취당해 심각한 경제적 어려움에 처한다. 심지어는 브로커 비용을 내기 위해 사채까지 쓰는 경우도 있다. 탈북자들은 남한에서 기계조작, 조립, 일반서비스 등의 단순노무직이나 일용직을 전전하고 있다. 그래서 결국 탈북자 월평균 근로소득은 121만 3천 원에 불과하다.[46]

셋째, 언어 문제다. 언어 때문에 일어나는 일들이 많다. 특히 영어를 모르는 경우 모든 말이 생소하게 들린다. 또 특별한 억양 때문에 말문을 닫아버리기도 한다. 아이들은 그 억양을 따라하면서 놀리기도 한다. 채소(남새), 소꿉친구(송아지친구), 소형택시(발바리차), 숙소(초대소), 스킨로션(물크림), 아이스크림(얼음보숭이), 오전(낮전), 아내(인차) 등 다른 언어의 소통은 시간이 지나면 해결되나, 언어가 가지는 문화적 배경은 쉽게 뛰어 넘지 못한다.

넷째, 남한사람들이 바라보는 차별적 시선이다. 남한사람들은 특히 탈북민이 북한에서 왔다는 인식을 강하게 갖고 있다. 심지어 반공교육을 받은 윗세대는 가끔 머리에 뿔이 달려있는지 만져보기도 한다. 전쟁을 겪은 세대 중에는 북한군에 의해 희생을 많이 당한 분들이 있는데, 이들은 아무 이유 없이 탈북민에게 화를 내기도 한다. 또 다른 하나는 탈북민을 잠재적 범죄자로 보는 시각이다. 모든 탈북민은 남한으로 들어오면 2-3개월 간 합동심문소에서 조사를 받는다. 이어서 3개월 간 폐쇄된 공간인 하나원에서 교육을 받는다. 하나원 수료 후에 전국 각지에 임대 아파트를 받아 흩어져 살게 되는데, 이때 5년간은 거주 이전 시 신고를 해야 하고, 경찰과 늘 연결이 되어 있어야 한다. 일종의 국가의 감시망 안에서 살아가야 하는 것이다.

탈북민이 겪는 사회 문제는 다음과 같다. 첫째, 탈북민이 중국에서 출산한 자녀 문제가 있다. 이들은 법적 정의와 지원정책 측면에서 대한민국 국민으로 인정되나 정부 부처 간 지원문제 측면에서는 혼선이 있다. 둘째, 탈북민의 취업문제다. 탈북민은 북한식 억양과 발음 문제로 인해 면접에서 쉽게 떨어지기도 하며, 결국 직장을 구하지 못해 쉽게 돈을 버는 곳으로 이동하는 현상이 빈번하게 일어난다. 셋째, 탈북민의 가정 문제다. 특히 새로운 사회와 문화에서 경험하는 스트레스 때문에 부부관계나 자녀관계에 갈등이 많다.

나가면서

제1부는 1945년 해방과 함께 맞은 분단으로 북한 지역 성도들이 남한에 정착하면서 시작되었으며, 1990년대 후반 이후 들어온 탈북민에게 선교하며 목회하는 과정에서 나타난 남북통합목회의 가능성에 주목하고자 하였다. 한국교회는 중국으로 갔던 수많은 북한 주민 중 일부가 남한까지 오게

되었을 때 그들을 품었다. 처음에는 구제 차원의 선교적 동기가 강하였으나, 점차 탈북민이 남한 사회에 정착하면서 자연스럽게 목회적 접근을 하게 되었다. 이러한 현상은 통일 이후에도 적용 가능한 남북통합목회의 가능성을 전망하는 것으로 자연스럽게 이어졌다.

이 책에서 말하는 남북통합목회는 기본적으로 2000년대부터 시작된 탈북민 목회에 초점을 맞추지만, 그 시초를 월남한 성도들의 한국 정착에서부터 찾아보았다. 물론 이에 대한 자료나 연구가 충분하지 않기에 정확히 말하기는 어렵지만 월남한 성도들은 지금의 한국교회의 중요한 일원이 되었음을 부정할 수 없다. 북에서 내려온 월남인 목회자들의 목회를 무조건 남북통합목회라고 규정하기는 어렵지만, 한국전쟁 이후 한국교회가 월남민들을 받아들였을 뿐만 아니라 그들과 함께 큰 양적 성장을 이루었던 것은 분명하다. 이렇듯 서로 다르지만 하나의 교회 공동체를 이루어 나갔던 역사를 목회적 관점에서 남북통합목회의 시작이라고 칭할 수 있을 것이다.

남북통합목회가 본격화된 것은 북한에서 남한으로 온 탈북민이 생겨난 때부터라고 보아야 할 것이다. 이때부터 한국교회는 탈북민을 돌보기 시작하여 그들에게 복음을 전하며 교회를 세우기 시작했기 때문이다. 남한 목회자든 탈북민 목회자든 간에 교회에는 남북 성도가 함께해야 한다는 전제를 가진다. 이런 면에서 탈북민은 남북통합목회의 새로운 마중물이었다. 제3부에서 남북통합목회의 현재 상황을 더 살펴보기 전에, 이어지는 제2부에서 남북통합목회를 위한 이론적 토대를 먼저 확인하도록 하겠다. 이를 통하여 남북통합목회에 대한 개념적 이해가 보다 명료해지기를 기대한다.

제3부

남북통합목회의 두 번째 물결: 한국교회 내 탈북민 부서

한국교회 내 탈북민 사역은 2000년대 들어서 활성화되기 시작하였고, 중대형교회를 중심으로 시작된 여러 유형의 북한이탈주민 사역은 지금까지 이어진다.[47] 한국교회의 탈북민 사역은 여러 시행착오를 거쳐왔는데, 이는 탈북민이 갖는 독특성에 대한 무지와 오해, 그리고 때로는 한국교회의 미숙한 선교적 접근에서 비롯되었다. 통일에 대한 열정과 민족동질성에 대한 의식을 기반으로 한국교회 그리스도인들이 많은 수고를 쏟았지만, 탈북민 사역에서 기대했던 만큼의 결실을 얻기는 어려울 때가 많았다.[48]

한국교회 내 탈북민 사역과 연관된 변수는 매우 다양하다. 담임 목회자의 목회 철학, 교회의 규모와 문화, 교회가 위치한 지역의 특징, 출석하는 탈북민의 수와 성향 등 매우 다양한 요인들이 탈북민 사역에 영향을 미치기 마련이다.

1
한국교회 내 탈북민 부서 현황

본 연구에서는 주요 한국교회 내 탈북민 부서 사역 사례를 조사하였다. 전문가 및 탈북민의 추천을 바탕으로 표본이 되는 교회의 사례를 선정하여, 각 교회의 사역 담당자 혹은 관련자를 인터뷰하고 주요 교회의 탈북민 부서 사역의 현황과 쟁점, 과제들을 검토하였다. 총 7명의 사역자를 목적 표집(purposeful sampling)한 후 일대일 인터뷰를 진행함으로써 총 8개 교회의 사례연구(case study)를 진행하였다. 교단별로는 장로교 합동 교단 4개 교회(안산동산교회, 수영로교회, 남서울교회, 사랑의교회), 통합 교단 2개 교회(영락교회, 온누리교회), 침례 교단 1개 교회(대흥침례교회), 독립교단 1개 교회(할렐루야교회)다. 대체로 본 연구의 인터뷰는 평균적으로 1시간 30분에서 2시간 정도가 소요되었으며, 각 교회의 탈북민 사역의 개요와 주요 쟁점들에 대한 의견을 집중적으로 청취하는 방향으로 이루어졌다. 본 연구자는 연구의 전반부에 담겨 있는 탈북민 사역의 현황과 쟁점 부분에서는 각 인터뷰 참여자의 소속 교회를 명시했지만, 후반부에서 연구자의 교회 상황에 대한 주관적 가치 판단이 나타나는 부분에 대해서는 각 교회의 이름을 밝히지 않기도 했다.

수영로교회는 90년대 중반에 한국교회에 활발하게 논의되었던 북한교회 재건운동의 일원으로 본격적인 북한선교사역을 시작했다. 통일비전공동체로 명명된 탈북민 부서의 경우 2004년에 시작되었고, 현재 한국교회 중에서 가장 큰 탈북민 예배 공동체를 이루고 있다. 탈북민 중에 예배 참석 인원은 약 250명, 남한 성도 섬김이는 100-150명 정도다. 자녀들을 위한 자체 교육부 체계도 갖춰져 있다. 탈북민들은 21개 지역별 사랑방 모임으로 조직되어 있다. 고연령층 탈북민이 많으며 젊은 연령층은 별로 없다. 한국 정착 10년 이상 된 탈북민이 많다.

안산동산교회의 통일선교팀은 2006년에 북한구국기도회로 시작되었고, 탈북민 예배는 2008년쯤 시작되었다. 현재 약 30명가량의 탈북민이 정기적으로 출석하고 있다. 참석 인원의 평균 연령이 55세를 넘을 정도로 50대 초중반 및 고령층이 많으며, 30대와 그 이하는 거의 없는 편이다. 안산에 거주한 지 오래된 이들이 많으며, 최근에는 안산에 집을 배정받아 오는 새로운 탈북민이 거의 없다. 안산동산교회 탈북민 부서의 주요한 특징으로는 그 공동체가 탈북민만으로 한정되어 있지 않다는 점을 들 수 있다. 남북중 공동체를 지향하면서 남한 성도와 탈북민 성도, 중국 동포(조선족) 성도가 함께 공동체를 이루고 있다. 탈북민과 남한 성도가 각각 30명가량, 중국 동포 7-8명 정도가 있다. 셀 나눔은 이 세 그룹이 다 섞여서 하며, 탈북민 리더일 경우에 남한 부리더가 있고, 남한 리더의 경우에는 탈북민 부리더가 셀에 있다. 중국동포 셀리더도 있으며 임원 중에도 있다.

남서울교회는 일찍부터 통일선교에 주도적으로 참여했던 교회이다. 1994년에 설립된 남북나눔운동에 참여하였고, 1999년에는 통일준비위원회가 신설되었다. 이후 통일선교부라는 명칭을 거쳐 2014년에 통일선교위원회라는 부서로 현재에 이르렀다. 흥미로운 점은 남서울교회의 경우 탈북민이 교회에 출석하여 탈북민 부서가 생겨난 것은 불과 2년 전인 2019년이라는 사실이다. 다른 교회에 비해 상대적으로 늦게 시작했지만, 앞선 통일선교위원회의 다양한 활동이 축적되어 활발한 사역을 하고 있다. 현재 30명가량의 탈북민이 모여 있다.

사랑의교회는 탈북민 부서가 2005년에 이웃사랑부(대사회긍휼부서) 내 작은 모임으로 시작되어 2008년에 '북한사랑의선교부'로 확대 개편되면서 교역자가 임명되어 활동이 본격화되었다. 탈북민부교역자도 사역하고 있으며, 남북이 함께 하는 공동체로서 주일학교부터 장년부까지 운영한다. 이외에도 현재 탈북청소년 대안학교 '반석학교'를 운영 중이다.

온누리교회의 경우 통일사역, 북한선교, 탈북민 사역이 구분되어 진행되고 있는데, 그 중에 탈북민사역은 한누리통합팀이 담당하고 있다. 온누리 양재 캠퍼스에 있는 여호수아 청년부 내에 북한선교팀이 존재하다가 2003년 양재 캠퍼스에 탈북민 공동체가 시작되어 지금까지 '하나공동체'라는 예배 공동체가 운영되고 있다. 젊은 층이 비교적 많으며 탈북민 30명과 남한 성도 6-70명 정도가 예배에 참여한다. 2010년에는 강서구 가양동에 탈북민 사역을 위한 '한터공동체'를 세웠고 6-70명의 탈북민 성도가 있다. 이외에도 남양주 북사랑공동체에 약 20명, 부천 한사랑공동체에 약 30명, 대전 한누리공동체에 약 20명의 탈북민이 교회에 출석하고 있다.[49]

영락교회는 실향민 중심으로 세운 교회로 일찍이 북한선교에 대한 마음이 큰 교회였으며 1998년에 북한선교센터가 개설되었고, 1999년에 탈북민과 함께하는 '자유의 사람 성경반'이 시작되었다. 2010년부터는 '자유인 예배부'로 승격되어 오늘날에 이르렀다. 평균적으로 60명 내외의 탈북민이 예배를 드리며, 젊은 탈북민의 경우 영락교회 내 NK국제학교와 연관되어 오는 경우가 적지 않다.

대흥침례교회의 탈북민 부서는 모란봉교회로 불린다. 2014년에 교회 내 탈북민을 위한 사역이 시작되었고, 교회 전체적으로 교구들이 지역교회 개념으로 이해되면서 탈북민 부서도 모란봉교회라는 이름을 가지게 되었다. 주일에 평균 30명 정도의 탈북민이 모이고 있다.

할렐루야교회도 80년대부터 일찍이 북방선교에 대한 관심을 갖고 90년대부터 북한선교회라는 이름으로 활동을 시작했다. 2000년대 들어서 통일선교회로 이름을 바꿨으며, 2008년쯤 탈북민 가정이 교회에 정착하기 시작하면서 본격적인 탈북민 부서 사역이 생겨났다. 현재 55개의 탈북민 가정이 소속되어 있다. 약 70명 정도의 탈북민이 정기적으로 교회에 출석하며, 아이들까지 합치면 100명가량 된다. 절반 이상의 임원이 탈북민이며, 대학생 탈북민도 20명을 넘을 정도로 젊은 연령의 탈북민도 많은 편이다.

교회명	교단	탈북민 부서명	탈북민 부서 사역 특징
수영로교회	장로교(합동)	통일비전공동체	2004년에 시작. 탈북민 등록 인원은 약 270명. 출석 인원은 약 200명. 남한 섬김이 70-100명. 별도의 교육부 있음. 주로 고연령층이고, 한국에 정착한 지 오래된 탈북민 중심.
안산동산교회	장로교(합동)	통일선교팀	2008년부터 탈북민 예배 시작. 현재 남북중 공동체. 탈북민 30명, 남한 성도 30명, 중국 동포 7-8명가량 출석. 탈북민 평균 연령 50대 중반. 고령층 많고 젊은 층은 별로 없음. 안산에 오래 거주한 사람들 위주.
남서울교회	장로교(합동)	북향민 사역부	2019년부터 시작. 현재 30명가량 모임. 탈북민 교역자 있음. 교회 내 탈북민교회 탐방팀 사역 주목.
사랑의교회	장로교(합동)	북한사랑의선교부	2005년에 시작. 탈북민과 남한 성도가 독립적으로 예배. 남한 성도 70여 명, 탈북민 성도 50여 명 출석. 탈북통합주일학교 운영. 탈북민대안학교인 반석학교 운영.
온누리교회	장로교(통합)	한누리통합팀	2003년 양재캠퍼스에 하나공동체 시작됨. 탈북민 30명과 남한 성도 70명 출석. 한터공동체 탈북민 6-70명 출석, 남양주 북사랑공동체 20명, 부천 한사랑공동체 30명, 대전 한누리공동체 20명 출석.
영락교회	장로교(통합)	자유인예배부	1999년에 탈북민과 함께하는 성경공부반 시작. 2010년 자유인 예배부로 확장. 평균 탈북민 50명 내외 출석. NK국제학교와 연관되어 청년들이 옴. 별도 아동부 프로그램 있음.
대흥침례교회	침례교	모란봉교회	2014년에 세워짐. 탈북민 평균 30명 정도 출석. 남한 성도는 15명 정도. 1:1 성경 공부 중심.
할렐루야교회	독립교단	통일선교부	탈북민 70명 정기적으로 참석. 자녀 포함 100명. 15명 정도 집사 직분받음. 절반 이상의 임원이 탈북민. 젊은 층이 상대적으로 많음. 고령령층 적음.

[표1] 교회별 탈북민 부서 사역 현황 요약 (출석 인원은 코로나19 이전 기준)

사례 1) 안산동산교회 탈북민 부서의 주일 하루
주일 9시 대예배: 가급적 참석 권고
주일 10시 30~50분: 북한 소식 나눔 및 기도회
주일 11시: 통일선교부예배(셀나눔 25분→찬양→헌금기도→말씀 20~25분→기도→광고/축도)
주일 오후: 2부 프로그램
사례 2) 대흥침례교회 모란봉교회의 주일 하루
(오전에 대전 전 지역에서 교인들이 픽업)
주일 10시: 중보기도모임
주일 11시: 부서 예배 (한 달에 한 번은 대예배 함께 참석)
주일 12시: 점심
주일 13시: 2부 프로그램(소그룹 모임과 나눔)

[표2] 탈북민 부서의 주일 하루

탈북민 부서 사역의 유형

한국교회 내 탈북민 부서 사역은 통일선교사역의 핵심 영역 중 하나이다. 통일선교사역은 다음의 여섯 가지, 즉 1) 대북직접사역, 2) 통일기도회, 3) 제3국 사역, 4) 탈북민 교육 및 정착, 5) 통일공동체, 6) 통일선교교육으로 구분할 수 있는데, 이 분류에 따르면 한국교회 내 탈북민 부서 사역은 '통일공동체' 사역에 속한다.[50] 여기서 통일공동체는 궁극적으로 "남과 북이 함께 하는 공동체로서 기존의 교회가 탈북민들을 섬기는 부서를 만들어 사역하는 것을 넘어서 남한 성도와 북한성도가 함께 예배하는 교회를 세우는 것"을 의미한다.[51] 다시 말해서 통일공동체 사역은 남북한 사람들이 같이 있다는 사실이 충분하지 않고 남북한 사람들이 건강한 예배 공동체를 함께 세워가는 데에 목표를 둔다. 이런 측면에서 한국교회 내 탈북민 부서 사역은 통일공동체를 세워가는 중요한 통로이자 과도기적 사역이라고 할 수 있다.

하광민은 이를 1.5유형의 교회 모델로 이해한다. 그는 통일목회의 관점에서 한국교회를 세 가지 유형으로 구분한 바 있다.[52] 1유형 교회는 "분단 후 70여 년 동안 남한 중심의 문화로 이루어진 교회"이며, 2유형 교회는 "남과 북의 문화가 어우러지는 교회"다. 그리고 3유형 교회는 "통일 이후에 한반도 전역에 세워질 통합교회"다. 이외에 그는 '1.5유형 교회'라는 개념도 제시하는데, 여기서 1.5유형 교회는 "1유형 남한교회를 벗어나 북한에 대한 이해와 열린 마음을 가진 교회로서 통일과 북한 관련 소모임이나 부서를 가진 교회"다. 즉 1.5유형 교회는 기존의 1유형 교회들이 2유형 교회를 지향하면서 내부로부터 통일을 경험하고 연습하는 교회를 의미한다. 한국교회 내의 탈북민 사역은 바로 이러한 1.5유형 교회를 지향하는 맥락에서 이뤄진다.

현재 한국교회 내에서 탈북민 사역은 대부분 중대형교회에 한정되어 있다. 중대형 교회가 아닌 교회들은 교회의 규모상 출석하는 탈북민이 많지 않을뿐더러 별도의 탈북민 부서를 만들기도 쉽지 않다. 몇몇 탈북민 관련 사역자는 교회 내 탈북민 부서가 존재하는 교회를 대략 100여 개 정도로 추정한다.[53] 하지만 이와 관련된 정확한 통계는 현재 나와 있지 않으며 현실적으로 이를 파악하기도 쉽지 않다. 가장 최근 자료 중에 참고할 수 있는 통계는 2021년 2월에 숭실대 기독교통일지도자훈련센터에서 발표한 『2020 한국교회 통일선교사역 실태조사 결과』다. 이에 따르면 현재 통일선교사역에 참여하고 있는 교회는 응답한 목회자의 28.2%로 나타났다.[54] 교인 수가 많은 교회일수록 통일선교사역에 참여하는 비율이 높다. 500명 이상 교회의 43.8%가 통일선교사역에 참여하고 있다고 응답한 반면에 99명 이하의 교회는 약 19.3%가 통일선교사역에 참여하고 있다고 응답하였다. 통일선교 사역에 참여하는 유형으로는 61.5%가 '통일선교사역을 하는 개인 혹은 단체 지원'이 가장 많았으며 32.5%의 교회는 '통일 혹은 북한선교기도회를 자체적으로 실시'하고 있다고 응답하였다. '탈북민 사역(예배, 지원 등)을 한다'라고 응답한 교회는 31.6%였다. 이에 따라 탈북민 사역의 경우 전체 응답 중에서 13.8%의 교회에서 하는 것으로 추측해 볼 수 있다. 그러나 이 통계에서 탈북민 사역은 탈북민 부서 사역뿐만 아니라 탈북민을 후원하거나 탈북민 관련 사역 단체를 지원하는 것까지 다 포함하기에 실제 탈북민 부서의 수를 파악하는 데에는 한계가 있다.

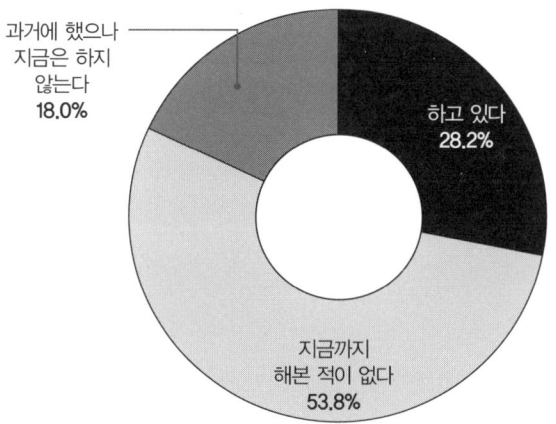

[그림1] 통일/북한선교 실시 여부 (Base=전체, N=500, %)

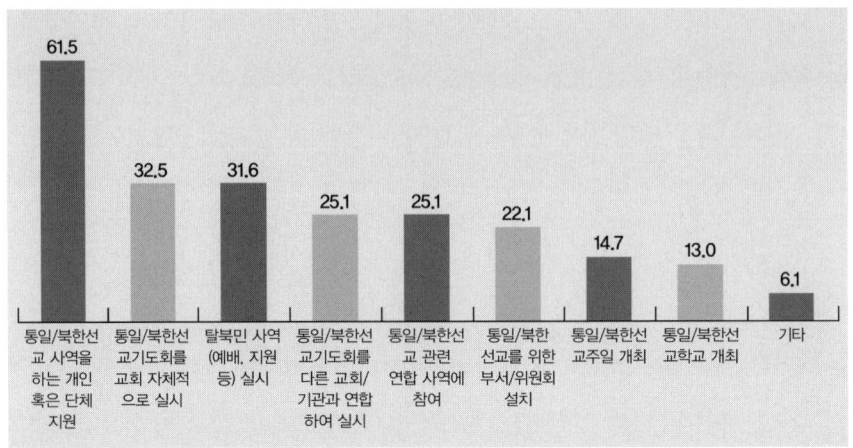

[그림2] 통일/북한선교 활동 (Base=현재 혹은 과거에 통일/북한선교사역 응답자, N=231, %)

2
한국교회 내 탈북민 부서 사역의 쟁점

한국교회 내 탈북민 사역의 역사는 이미 20년이 넘었다. 하지만 앞서 언급한 대로 탈북민 사역은 여전히 수많은 시행착오 과정 중에 있다. 이러한 시행착오를 겪게 된 데에는 탈북민 사역이 가진 특수한 성격과 더불어 탈북민 사역과 관련해 정리되지 않은 여러 쟁점이 있기 때문이다. 교회 내 탈북민 사역과 관련하여 쉽게 제기될 수 있는 몇몇 질문을 살펴보자.

"지난주 예배 때 북한 출신 자매가 교회를 방문했는데 어떻게 해야 할까요?"
"탈북민을 뭐라고 불러야 하죠? 그들을 어떻게 대해야 할까요?"
"만약 탈북민 사역을 시작한다면 어떤 사역을 어떻게 해야 할까요?"
"어떤 교회들은 탈북민이 교회에 오면 돈을 준다던데, 그래도 괜찮은 것일까요?"
"탈북민 부서 사역이 정말 필요할까요? 굳이 탈북민을 위한 예배 공동체가 따로 필요할까요?"

이 장에서는 여러 탈북민 부서 사역 담당자들과의 인터뷰 자료에 기초하여 탈북민 부서 사역의 주요 쟁점들을 살펴볼 것이다.

탈북민을 어떻게 부를 것인가?

앞서 이 책의 제2부에서 언급한 대로 북한을 탈북하여 한국에서 살아가는 이들에 대한 정부의 공식 호칭은 '북한이탈주민'이다. 이 호칭은 1997년에 제정된 '북한이탈주민의 보호 및 정착지원에 관한 법률'에 근거한다. 그러나 실제 일상생활에서 이들을 지칭하는 용어는 다양하게 나타난다. 그중 대표적인 것으로 80년대까지 사용되던 '귀순자' 혹은 '귀순동포' 호칭이 있고, 90년대 이후 '탈북자', '탈북민', '새터민', '북한이주민', '북한이탈주민' 등이 있다. 이외에도 교회 현장에서는 여러 호칭이 쓰인다. 예컨대, 영락교회는 탈북민을 '자유인'으로 부르며, 안산동산교회나 남서울교회는 '북향민', 대흥침례교회는 '윗동네분', 할렐루야교회와 사랑의교회 및 온누리교회는 '탈북민'이라는 용어를 사용한다. 수영로교회의 담당 목회자는 탈북민을 별도로 가리키는 용어를 교회 내부에서는 가급적 쓰지 않는다고 답하였다. 각 교회마다 탈북민에 대한 의미를 다르게 부여하기 때문에 다양한 호칭들이 쓰이는 것이다.

때로는 탈북민도 이미 대한민국 국적을 받은 한국 사람인데, 굳이 이들을 가리킬 때 구별된 용어를 써야 하는지에 대한 질문이 제기되기도 한다. 이는 적절한 지적으로, 탈북민을 별도의 용어로 호명해야 하는지에 대한 근본적인 문제의식이 담겨 있다. 남한 성도와 탈북민 성도가 서로 구분된 이름으로 지칭되고 분류되면 그룹 간의 온전한 통일은 더욱 어려워진다고 보는 입장이라 할 수 있다. 분명한 것은 남한 성도와 탈북민 성도를 차별적으로 구분하는 표현의 사용을 지양해야 한다는 점이다.[55]

한국교회가 탈북민에 대한 호칭을 정하는 문제는 주의 깊게 다뤄야 한다. 예컨대, '탈북자'라는 특정한 명칭으로 호명되는 순간, 한 사람은 '탈북자'와 연관된 온갖 편견과 선입견, 북한에 대한 고정관념을 다 함께 짊어져야 하기 때문이다. 다음의 글은 특정 집단에 대한 호칭이 갖는 강한 규정력을 잘 보여준다.

"정책용어 사용이 불가피할 때가 있다. '북한이탈주민', '결혼이주여성', '이주배경청소년', '중도입국청소년' 등의 정책용어는 지원이 필요한 대상을 분명히 하고 그들이 경험하는 공통의 어려움을 드러낸다는 점에서 유용하다. 그런데 문제는 이렇게 만들어진 집단의 이름이 나의 전全 존재를 규정하게 되는 순간, 나는 그 이름 속에 갇히게 된다는 것이다. 그 이름은 분명 나의 일부이긴 하지만 결코 전체가 아닌데 사람들은 그 규정 안에서만 나를 본다. 더욱이 그 이름은 타인이 나를 바라보는 시선 속에서 붙여지는 경우가 많기에 타인이 생각을 바꾸지 않는 이상 나는 계속 그 이미지에 머무르게 된다. 그런 경우 그 이름을 부정하지 않으면 한 발짝도 나아가지 못할 것 같은 포박감을 느끼는 순간이 오게 된다."[56]

위 인용문에서 지적한 대로 실제 삶이나 교회의 현장에서 편의상 사람들을 비차별적으로 호명하거나 구분하는 것은 불가피하다. 교회 안에도 '청년부'와 '중고등부', '남선교회', '여선교회'가 있듯이, 탈북민 성도를 구분하여 특정한 명칭으로 부르는 것은 불가피한 측면이 있다. 여기서 중요한 것은 탈북민 성도가 스스로 느끼기에 불편하지 않게 자연스럽게 받아들일 수 있는 호칭이어야 하고, 또한 이들을 호명하는 입장에서도 잘못된 편견을 강화하지 않는 비차별적 방식으로 호칭을 정해야 한다는 점이다. 이를 위해 섬세한 문화적 감수성과 배려가 필요하다. 따라서 각 교회마다 탈북민에 대한 호칭 문제를 놓고 탈북민과 남한 성도가 함께 모여 자유롭게 논의하며 서로의 의견을 들으며 공동체적 합의 과정을 가져야 한다.

탈북민을 어떻게 바라볼 것인가?: 정체성의 문제

사람의 정체성은 자기 자신의 규정과 타인의 규정이 맞물려 형성된다. 그런 면에서 탈북민을 바라보는 한국교회의 관점은 탈북민이 남한에서 새로운 정체성을 형성해가는 데에 있어서 매우 중요한 요인이다. 앞서 살펴본 탈북민의 호칭 문제도 결국 탈북민이 가지고 있는 정체성의 복합적 특성에서 기인하는 측면이 크다.

지난 20여 년간 한국교회는 탈북민을 '구제의 대상'으로 접근하는 경향이 강했다. '구제의 대상'으로서의 탈북민은 누군가로부터 도움을 받아야 하는 '결핍을 가진 존재'로 바라보는 것이다. 물론 한국사회에 도착한 지 얼마 안 된 탈북민들은 수많은 필요를 가진 존재로서 다른 이들의 도움과 관심이 필요한 것은 사실이다. 그러나 이들을 '구제의 대상'으로만 바라보는 데에서 멈추게 되면 이들은 평생 '이류 성도'가 된다. 이외에도 한국교회 안에는 탈북민을 가능한 한 빨리 회심시켜야 할 '선교의 대상'으로 보는 관점도 강하다. 그러나 구제의 대상이든 선교의 대상이든 고정된 시선에 갇힐

때 탈북민은 다음과 같이 힘들어할 수밖에 없게 된다.

"북한이주민은 '탈북자'라고 불리는 한, 폭정과 굶주림에 고통받다가 사선을 넘어 힘겹게 자유를 찾아온 사람들, 이곳에 와서는 적응에 어려움을 겪어서 남한 사람들의 따뜻한 보살핌이 필요한 사람들이어야 한다. 그가 북한에서 어떤 일을 했고, 무엇을 좋아하고 무얼 할 수 있는지는 이차적이다. 캐나다에 갔다가 난민신청이 거부되어 다시 돌아온 청년을 만난 적이 있다. 그 청년은 그곳에 가니 자기를 탈북자로 바라보는 시선에서 벗어난 것이 너무나 홀가분했다고 한다. 그래도 우리말이 그리워서 한인교회를 나가기 시작했고, 교민사회는 이 '탈북자 청년'을 적극적으로 지원해 주었다. 처음에는 많은 도움을 받았는데, 점차 혼자 힘으로도 잘할 수 있었단다. 영어도 웬만큼 되고, 다른 나라에서 온 청년들과 친구가 되면서 한인회의 도움이 그다지 필요하지 않게 되었다. 그런데 한국 사람들은 자신을 계속 도움이 필요한 탈북자로 바라보았고, 도움을 사양할 때마다 언짢아했다. 자신이 이들을 '배신'하는 것 같은 느낌이 들어서 괴로워하다가 점차 교회를 나가지 않게 되었다고 했다. 돌이켜 보니, 그 시선은 한국에서 살 때 자신이 느꼈던 시선과 다르지 않았다. 탈북자는 탈북자다워야 했다."[57]

탈북민을 구제나 선교의 대상으로만 바라보는 시선 안에는 이들을 향한 일방적 시선이 담겨 있다. 그들과 달리 그들을 바라보는 '우리'는 정작 변할 필요가 없다는 전제가 놓여 있다. 우리가 아닌 그들만 변화되면 된다는 생각이 있으면, 결코 서로 건강한 관계를 만들어 갈 수 없는 법이다. 문제는 이들을 선교의 대상으로 바라보는 것 자체에 있는 것이 아니라 이들만 일방적으로 변화되어야 할 대상으로 바라보는 데에 있다. 이는 남한 성도와 탈북민 성도가 함께 건강한 예배 공동체를 형성해 가는 데에 있어서 결정적인 장애물이 될 가능성이 크다.

탈북민을 '통일선교를 위한 선교사' 혹은 '북한선교의 일꾼'으로 바라보는 시각은 어떠할까? 이러한 관점은 한국교회 안에 상당히 넓게 공유되고 있다. 그런데 탈북민을 북한선교와 같이 어떤 목적을 위한 수단으로 바라보는 한국교회의 인식은 조심스럽게 성찰해야 할 필요가 있다. 탈북민에게 의미를 부여하고 그들을 목표지향적 관점에서 접근하는 것은 이들을 섬기는 남한 성도들 스스로에게 정당성과 의미를 부여하는 데에 있어서는 효과가 있을 수 있다. 그러나 그 안에 담긴 나름의 선한 의도와는 별개로, 이를 받아들이는 탈북민의 입장에서는 오해의 소지가 있는 표현이 될 수 있음을 알아야 한다. 탈북민의 입장에서 이러한 표현은 자신들을 도구적으로 이용하는 것으로 받아들여질 수 있기 때문이다.

물론 통일에 대한 마음, 선교에 대한 열정이 있는 탈북민도 분명히 있다. 하지만 현실적으로 그렇지 않은 경우가 훨씬 많다. 이들에게는 당장 눈앞의 남한 생활의 정착과 생존이 훨씬 다급하다. 신앙적으로 자신을 돌아볼 여유가 별로 없다. 이러한 이들에게는 성급하게 선교적 아젠다를 대입시키지 않는 것이 보다 지혜롭고 배려하는 접근이다. 오히려 통일 및 북한선교에 대한 사명은 "이들이 먼저 하나님의 은혜를 경험하고 복음 안에서 하나님의 자녀 됨의 풍성함을 충분히 누릴 때, 이들 스스로 자신의 사명으로 깨닫고 받아들여야 하는 영역"이지 외부적으로 강제할 수 있는 부분이 아님을 기억해야 할 것이다.[58] 실제로 본 연구자가 인터뷰했던 한 사역자는 탈북민 안에서도 다양한 유형이 있음을 지적한다. 탈북민 공동체에 적극적으로 참여하는 사람들이 있는 반면에 한국 사람처럼 한국사회에 스며들어 가서 전혀 티가 나지 않기를 원하는 이들도 있다. 따라서 한국교회의 입장에서 이러한 탈북민의 다양한 정체성과 상황을 이해하고 포용하는 태도가 꼭 필요하다.

이렇듯 탈북민이 스스로 가지는 정체성이 단일하지 않다는 사실과 이들을 바라보는 한국 사회와 교회의 시선도 각자 다르다는 사실을 확인할 수 있다. 그러므로 한국교회의 역할은 탈북민의 정체성을 외부적 관점에서 단단하게 고정시키기보다는 그들 스스로가 자신의 정체성을 만들어 갈 수 있도록 여백을 만들어 주는 데에 있음을 기억해야 한다.

탈북민과 어떻게 예배드릴 것인가?

대예배[59]와 탈북민 예배의 관계를 어떻게 설정해야 하는지와 교회 안에 별도의 탈북민 예배를 만들 것인지에 대한 문제는 각 교회마다 다양한 방식으로 다뤄가고 있다. 전체적으로 봤을 때, 교회 내의 탈북민 예배에 대해서는 대략 세 가지 유형이 존재한다.

첫째, 탈북민 예배 중심으로만 이루어지는 경우이다. 이 유형에 속하는 교회는 영락교회와 수영로교회, 온누리교회다. 이 교회들은 모두 별도의 탈북민 예배를 두고 있다. 예컨대, 영락교회 자유인 예배와 온누리교회 하나공동체는 각각 주일 오후 1시와 2시에 자체적으로 주일예배를 드린다. 수영로교회도 통일비전예배라는 탈북민 중심의 별도 예배를 주일 1시에 드린다. 이 경우에 탈북민이 대예배에 직접 참여하는 경험은 적어진다. 둘째, 대예배와 탈북민 예배(혹은 경건회) 모두 참석하는 유형이다. 이 유형에 속하는 교회는 남서울교회와 안산동산교회, 사랑의교회가 있다. 남서울교회는 오전 9시 20분에 대예배를 드린 후에 별도의 북향민 예배를 10시 50분부터 30분가량 갖고, 이어서 목장 나눔 모임을 40분 정도 진행한다. 안산동산교회 통일선교부 예배는 주일 오전 11시에 있는데, 탈북민 성도들은 주일 오전 9시 대예배에도 참석하도록 반복적으로 독려받는다. 사랑의교회도 주일에 본당에서의 대예배 후에 별도로 모여 예배를 또 진행한다. 때로 이는 많은 탈북민들에게 스트레스로 다가오기도 하며 "예배에 '대예배'나 '소예배'가 어디 있느냐?"라는 문제제기가 나올 때도 있다. 셋째, 대예배와 탈북민 예배를 번갈아 가며 참석하는 경우다. 대흥침례교회나 할렐루야교회가 이 유형에 해당한다. 대흥침례교회는 한 달에 세 번은 탈북민 부서 예배를 드리고, 한 번은 대예배를 탈북민 공동체가 함께 참석하여 드린다. 할렐루야교회는 대예배 후에 경건회를 가지는 구조를 한 달에 세 번 가지며 한 달에 한 번씩은 별도의 탈북민 부서 예배로 모인다.

    탈북민이 대예배를 참석하는 경우 크게 두 가지 장점이 있다. 먼저 교회 성도 전체와 함께 예배를 드림으로써 하나 된 예배 공동체라는 소속감을 가지기 쉽다. 또한 대예배에서 담임목회자의 말씀을 들음으로써 교회 전체의 목회 비전과 방향성을 알고 따르기 수월해진다. 반면 단점으로는 탈북민의 상황과 눈높이에 맞춘 설교 메시지가 부족해서 기독교적 배경이 없는 탈북민에게 설교가 어렵고 예배의 의미를 알아가는 데에 어려움을 겪을 가능성이 있다는 점이다. 담임목회자는 훨씬 더 폭넓은 청중을 대상으로 설교를 준비하기 때문에 탈북민의 관심사와 눈높이에 맞춘 설교를 자주 하기 어려울 수밖에 없다. 또한 탈북민 성도가 대예배와 더불어 별도의 탈북민 예배까지 참석해야 할 경우, 매주 예배를 두 번 참석해야 하는 부담이 생긴 다는 점도 지적될 수 있다.

탈북민 대상 예배만 따로 드리는 경우에도 나름의 장단점이 있다. 장점 으로는 우선 탈북민 부서가 하나의 공동체로 예배 공동체를 함께 형성해 간다는 보다 명확한 초점이 있다는 점이다. 따라서 탈북민이 조금 더 편안 한 소속감 가운데 예배에 참여할 수 있다. 둘째, 탈북민의 절실한 상황과 눈높이에 맞춘 설교 메시지가 공유될 수 있다. 셋째, 일반적으로 탈북민 예 배는 시간적으로 오전의 대예배 이후에 배치되는데, 이는 탈북민들의 여건 상 쉼이 필요한 경우에 주일 오전에 쉬고 오후에는 교회에 참석하기 쉬운 장점도 있다. 반면에 별도의 탈북민 예배만 드릴 경우, 교회 전체의 남한 성도와 소통하며 예배 공동체를 함께 세워가는 소중한 기회를 잃게 된다 는 점이 가장 큰 단점으로 부각된다.

현실적으로 대예배와 탈북민 예배를 구분하여 두 번 다 참석하는 것을 원칙으로 할 경우 탈북민에게는 상당한 부담이 된다. 탈북민의 고단한 삶 을 감안하지 않더라도, 누구에게나 하루에 두 번씩 예배를 드리는 것은 쉽 지 않은 일이다. 그렇다고 탈북민 예배만 가질 경우, 탈북민 공동체가 '교회 안의 분리된 섬'으로 남을 뿐만 아니라 교회 내의 '분단'과 고립이 영속적으 로 지속되는 구조를 가져올 가능성이 있다. 이러한 맥락에서 각 교회마다 탈북민 예배와 관련하여 고려해야 할 점은 다음과 같다. 첫째, 교회의 가 장 우선하는 목적은 성도들이 함께 모여 하나님께 예배드리는 데에 있다는 점을 항상 기억해야 한다. 둘째 교회 내의 탈북민 공동체는 분리된 별개의 모임이 아닌 남북한의 성도들이 함께 통합된 공동체를 이뤄가는 현장이 되어야 한다. 셋째, 교회 공동체가 탈북민의 상황과 눈높이를 맞춰갈 수 있는 세심한 배려와 노력을 해야 한다. 본 연구자는 여러 사례를 종합해 본 결과, 세 번째 유형 중심으로 탈북민 예배를 구성하는 방안을 고려해 볼 것을 제안한다. 이는 대예배 및 탈북민 예배 공동체를 함께 유지하면서 두 모임 간의 절충점을 찾아가는 방식이다. 대흥침례교회처럼 한 달에 세 번은 탈북민 부서 자체 예배를 드리다가 한 달에 한 주는 탈북민 부서가 다 함께 대예배에 참석하는 방식이다. 이외에 할렐루야교회처럼 대예배 참석 후 간소화된 경건회의 구조도 고려해 볼 수 있을 것이다.[60]

여기서 반드시 고려해야 할 점은 교회에 나오는 탈북민에게는 공동체적 경험이 반드시 필요하다는 사실이다. 남한 생활을 하면서 탈북민이 차별적 시선에 대한 두려움 없이 편안하게 모일 수 있는 공동체가 꼭 있어야 한다. 또한 탈북민이 별도의 공동체를 구성하더라도 '교회 내의 전체 성도들과 끊임없이 섞이고 교류할 수 있는 구조와 문화를 만들어야 한다는 점이다. 탈북민 중심으로 모이는 공동체가 현실적으로 필요하지만, 이들이 기존의 남한 성도와 분리되지 않기 위한 지속적이고도 적극적 노력이 뒷받침되어야 한다. 이와 관련해서 후반부에서 접촉 이론과 연계하여 더욱 상세하게 논의하고자 한다.

탈북민에 대한 재정 지원을 할 것인가?

'교회의 탈북민에 대한 재정 지원'은 지난 20여 년간 탈북민 사역 현장에서 끊임없이 제기되어 온 쟁점이다. 탈북민에게 현금을 지급할 경우에 갖게 되는 문제점과 어려움에 대한 인식에도 불구하고, 실제 대부분의 탈북민 사역 현장에서는 재정 지원이 불가피한 요소로 받아들여진다. 본 연구에서 인터뷰했던 8개의 교회 중에 3개 교회는 교회 모임에 출석하는 탈북민에게 현금을 포함한 직간접적 재정 지원을 정기적으로 하고 있는 것으로 파악되었다. 영락교회의 경우 장년(50대 이상)은 교통비 10만원을 지급한다. 경제력이 있는 40대 탈북민 성도들은 이러한 교통비 지원을 거절했다고 한다. 젊은 탈북민에게는 장학금 명목으로 현금이 지급된다. 할렐루야교회는 어린 자녀들을 포함하여 탈북민 성도들을 재정적으로 지원하고 있었다. 매달 약 70명이 장학금 지원을 받고 있으며, 이 중에 대학생은 20만원, 초중고생이 있는 가정은 일인당 10만원의 장학금을 받는다. 수영로교회도 탈북민들이 대부분 원거리에 살기 때문에 '교통비' 명목으로 5만원의 현금을 예배에 참석하는 탈북민들에게 한 달에 한 번씩 지급한다고 한다. 이외에도 점심 식사를 교회에서 할 수 있는 식권을 준다. 남서울교회나 대흥침례교회, 온누리교회, 안산동산교회는 탈북민에 대한 정기적 재정 지원이 없다고 답하였다. 다만, 장학부서를 통해 지급되는 장학금 또는 교회 내 성도가 위급할 시에 비정기적으로 지원되는 부분은 있다고 한다.[61] 사랑의교회의 경우에는 초기에 재정 지원을 하다가 점차 탈북대학생을 위한 장학제도로 전환했다고 한다.[62] 안산동산교회의 경우, 신학하는 사람에게는 매달 10만원, 대학생들에게는 매달 10만원씩 지원해 준다. 특이한 점은 매달 각 탈북민 가정에게 김치 5kg(2만원 어치)을 나눠준다는 점이고, 이 김치는 매우 인기 있고 유용한 품목이라고 한다.

탈북민 재정 지원과 관련되어 반복적으로 제기되는 가장 주요한 쟁점 중 하나는 '큰 금액의 지원 요청'과 '정기적 재정 지원'이다. 첫째, 교회마다 큰 금액에 대한 지원 요청을 받을 때가 있다. 이는 탈북민들의 특수한 상황에서 비롯된다. 여전히 많은 탈북민이 북한에 가족과 친척을 남겨두고 있는데, 이들을 탈북시켜서 구출하려고 할 경우에 매우 많은 비용이 든다. 대부분의 교회가 이 사안에 대하여 직접적으로 지원하는 방안은 어렵다는 점을 인정한다. 그래서 교회적으로 해결하기보다는 탈북 및 구출 선교단체에 연결하는 방향으로 응답할 때가 많다. 둘째, 정기적 재정 지원의 부작용과 역효과에 대해서는 이미 통일선교계 안에서 다양하게 논의된 바 있다. 가장 큰 문제는 탈북민이 재정적 지원을 받기 위하여 교회를 출석하는 경우가 빈번하다는 점이다. 많은 교회들이 교회에 출석하는 탈북민에게 교통비 내지 생활비를 지원하다 보니, 한 탈북민이 여러 교회에 출석하는 사례도 발견된다. 반면에 교회의 재정 지원이 중단되자 갑자기 교회를 떠나는 탈북민으로 인해 남겨진 남한 성도들이 상처받는 경우도 있었다. 앞서 언급했던 탈북민에 대한 교회의 도구적 접근이 있었듯, 이번에는 오히려 역으로 교회에 대한 탈북민의 도구적 접근이 나타난 셈이다.

사실 탈북민에 대한 지원 문제는 빛과 그림자를 다 가지고 있다. 탈북민을 재정적으로 지원하는 것은 한국사회에 정착하는 탈북민의 급박하고 다양한 필요에 교회가 사랑으로 응답하는 과정에서 생겨난 것으로 볼 수 있다. 다만 탈북민에 대한 재정 지원이 문제가 되는 경우는 교회 출석을 재정 지원과 맞바꾸는 식의 '교환 개념'으로 이해될 때다. 이 경우에 교회를 도구적으로 이용하는 사람들이 많아지는 것은 당연한 귀결이다. 그러나 이러한

'의도'를 가진 사람들 모두를 억지로 통제하는 것은 현실적으로 불가능하다. 각각의 긴급한 필요와 생계의 어려움을 파악하기 어렵기 때문이다.

여기서 중요한 점은 탈북민에게 교회의 재정 지원이 교회 출석에 대한 맞교환으로 인식되지 않도록 하는 데에 있다. 교회 공동체가 공동체 구성원의 경제적 어려움과 긴급한 필요를 돕는 것은 언제나 소중하고 꼭 필요한 일이다. 탈북민의 남한 생활 정착 초기에 그러한 필요가 더욱 큰 것도 사실이다. 따라서 재정 지원을 구성원의 긴급한 필요에 따라 하더라도 '원칙'과 '기한'을 명확히 세워갈 필요가 있다. 결국 정해진 때가 되어 재정 지원을 멈추더라도 그 교회 공동체에 계속 남아있을 만한 튼튼한 관계의 끈을 남한 성도와 탈북민 성도가 가질 수 있는지가 가장 중요한 과제다. 서로 어떤 모습과 어떤 깊이로 '관계'를 맺어왔는지가 관건이다. 또한 참된 신앙을 세워갈 수 있도록 지속적이고 헌신적으로 돕는 부분도 매우 중요하다. 정착 초기에는 재정적 필요 때문에 교회에 오더라도 교회 안에서의 예배와 양육, 공동체 경험을 통하여 탈북민의 신앙적 성장이 나타나는 것이 중요하다. 그렇지 않을 경우, 교회로부터 재정 지원이 중단됨과 함께 탈북민에게 교회에 계속 남아있어야 하는 이유도 사라진다.

"한 북한 친구의 얘기예요. 그동안 장학금을 계속 받으면서 다녔는데, 자신이 장학금을 받으러 오는 건지 하나님을 믿어서 오는 건지 헷갈린대요. 자기는 장학금 때문에 오는 것 같고, 신앙이 성장하는 것에 있어서도 분명하다고 못 느끼는 경우가 많더라고요. 그러다가 졸업하게 되면 더 이상 교회에 와야 하는 동기 부여가 안 된다고 하고요."

지원 방식에 대한 고민도 필요하다. 어떤 교회의 경우 한 달에 두 번 이상 꼭 출석해야 장학금을 지급한다고 한다. 교회는 한 달에 한 번씩 장학금을 현금으로 봉투에 담아서 탈북민에게 주며, 탈북민은 장학금을 수령했다는 의미로 사인을 한다. 다른 한 교회는 교통비 명목으로 현금을 지원할 때 부서 내 남한 성도 중에 소그룹 리더를 통해 지급한다. 이러한 방식은 교회 내에서 만나는 남한 성도와 탈북민 성도 간에 권력 관계를 만든다. 그러므로 비록 도움이 불가피해서 탈북민 성도에게 현금을 준다고 하더라도, 이를 '지원하는 방식'에 대한 보다 면밀한 고려와 배려가 함께 있어야 할 것이다.

인터뷰에 참여한 대부분의 목회자들은 교회가 도움이 필요한 탈북민들을 직간접적으로 지원하는 사역의 필요성을 인정한다. 다만 탈북민 부서가 탈북민을 직접 지원하는 방식, 특히 교회 예배의 출석 횟수를 근거로 지원하거나 같은 부서의 남한 성도를 통해 지원하는 방식 등은 지양할 필요가 있다. 이는 장기적으로 남북한 성도들이 더불어 교회 안에 통일공동체를 세워가는 데에 장애물이 되기 때문이다. 오히려 교회 내 선교부 혹은 장학위원회와 같은 탈북민 부서 외부의 조직을 통하여 지원하면서, 각 교회가 이 사안에 대하여 지혜롭게 응답해야 할 것이다.

탈북민 부서는 어디로 가야 하는가?

탈북민 사역을 바라보는 다섯 가지의 관점이 있다.[63] 첫째는 선교적 관점이다. 탈북민의 자립을 지원하고 스스로 자립적 교회를 세우게 하는 데에 목표를 두는 것이다. 이민 교회와 같이 한국에서 살아가는 탈북민의 교회를 많이 세워가는 것이다. 둘째는 긍휼의 관점이다. 탈북민에 대한 지원에 가장 주안점을 두는 입장이다. 남한이라는 낯선 사회에 도달한 이들의 어렵고 힘든 상황을 돕는 경제적 지원을 우선적으로 본다. 셋째는 교육적 관점이다. 긍휼적 관점과 유사한 맥락에서 탈북민의 경제적 자립을 목표로, 이를 위해 취업 알선이나 직업 교육과 같은 지원을 하는 것이다. 긍휼적 관점이나 교육적 관점은 사회복지적 경향이 강한 사역이다. 넷째는 책임적 관점이다. 교회는 사회적 책임과 공동선을 위하여 기여해야 한다는 입장에서 탈북민 사역을 감당하는 것이다. 교회의 여러 사역 중에 피할 수 없는 과제로서 직접 사역 혹은 다른 교회 및 기관과 연합해서 이 일을 감당하는 것도 의미 있다고 보는 관점이다. 마지막으로 공동체적 관점이 있다. 남북한 사람들이 다 같이 어우러져서 교회 내에서 함께 예배드리고 신앙생활하는 것을 목표로 삼는다. 궁극적으로 남북한 사람들이 더 이상 서로의 출신이 중요하지 않은 하나의 참된 예배 공동체를 이뤄가는 방향을 향해 가는 것이다. 고범석 목사에 의하면, 이와 같은 다섯 입장이 서로 배타적이지 않다. 실제로 대부분의 사역자들은 위의 여러 사역적 관점들을 복합적으로 가지고 있으며 각각의 상황과 필요에 맞춰 특별한 주안점과 지향점을 가진다. 온누리교회와 같이 큰 규모의 교회는 여러 가지 관점이 담긴 사역을 동시에 펼쳐가기도 했고, 처음에는 긍휼적 관점으로 시작하여 교육적 관점, 책임적 관점을 거쳐서 현재는 공동체적 관점을 갖고 탈북 사역을 진행하고 있다고 그는 말한다. 이외에 그는 한 가지 중요한 질문을 더 제시한다. 그는 탈북민 사역 자체가 '목적' 혹은 '목표'인지, 아니면 '수단'인지를 묻는다. 다시 말해서, 탈북민선교가 북한선교를 위한 중간 목표 혹은 민족복음화라는 큰 비전을 이루는 수단으로 생각해야 하는지, 아니면 그 자체로서 충분히 의미 있고 가치 있는 사역으로 간주해야 하는지를 질문한다.

이와 함께 제기되는 중요한 방향성의 문제 가운데 하나는 바로 탈북민교회가 교회 내에서 가지는 위상과 궁극적 지향점이다. 교회 내의 탈북민 부서는 궁극적으로 어느 방향으로 가야 하는가? 탈북민 부서는 교회 안에 계속 별도의 공동체로 존재해야 하는가? 아니면 궁극적으로 한국교회 안에 흡수되어 사라지는 것이 이상적인 것일까? 그것도 아니면 탈북민교회로 분리독립할 수 있도록 디딤돌 역할을 해야 하는가? 한 교회의 탈북민 사역자는 탈북민 공동체가 모교회와 긴밀히 연결된 채 궁극적으로는 독립된 하나의 별도 교회로 가는 것에 대해 고민한다고 말했다.

"[탈북민 부서는] 징검다리 역할을 하는 것일 수도 있을 것 같아요. 남한교회 내 탈북민 부서들이 궁극적으로 독립적인 교회로 가는 방향으로 가야 할 것 같기도 하고, 그것을 위한 징검다리로서 이 안에서 역량을 키우고 보호되는 가운데 태중에 있는 것 같고, 한국교회 정체성도 이 탈북민교회를 10개월간 잘 품어서 하나의 독립적인 개체로 갈 수 있도록 해줘야 하는 게 아닐까도 싶습니다."

이 문제에 대한 단일한 정답은 없다. 교회가 건강한 통일공동체로 세워지기 위해 가장 유익하고 좋은 길을 함께 기도하고 충분히 소통하며 찾아가야 할 것이다.

3

탈북민 부서 사역을 위한 이론적 지침과 적용

선교적 교회(Missional Church)

'선교적 교회'라는 용어는 1987년에 북미교회가 직면한 사회적 변화에 대응하여 일련의 신학자들과 목회자들이 시작한 '복음과 우리 문화 네트워크'(Gospel and Our Culture Network, 이하 GOCN)에서 처음 사용되었다. 복음과 우리 문화 네트워크는 영국의 선교사이자 신학자였던 레슬리 뉴비긴(Lesslie Newbigin)의 신학과 서구 사회에 대한 그의 인식에 기반한다.[64] 또한 복음과 우리 문화 네트워크의 멤버들이 주축이 되고, 대럴 구더(Darrell L. Guder)가 1998년에 편찬한 『선교적 교회: 북미 교회의 파송을 위한 비전』*Missional Church: A Vision for the Sending of the Church in North America*가 선교적 교회론과 선교적 교회 운동이 북미 교회에 본격적으로 확산되는 출발점이 되었다.

선교적 교회의 핵심 토대는 바로 '하나님의 선교'(missio Dei)에 있다.[65] 하나님의 선교 개념은 성경을 통해 자신을 계시하신 하나님께서 근본적으로 선교하시는 분이라는 이해에 기초한다. 삼위일체 하나님은 구약 성경의 첫 장면인 첫 창조에서부터 요한계시록의 새 창조에 이르기까지 끊임없이 선교하시는 분이다. 창세기 12장에서 아브라함과 맺은 언약을 통해 하나님은 죄로 망가진 온 세상을 회복하고자 하신다. 이러한 하나님의 신실한 사랑(헤세드)은 구약 성경을 관통하는 주제일 뿐만 아니라, 그 사랑은 신약에서 예수 그리스도의 성육신 사건으로 절정에 이른다. 성부 하나님은 성자 하나님이신 예수 그리스도를 이 땅에 파송하셨고, 예수는 하나님의 통치를 선포하시며 자신의 인격과 삶 그리고 죽음과 부활을 통해 하나님의 나라를 몸소 드러내셨다. 사도행전의 오순절 사건 이후 성부 하나님과 성자 하나님은 성령 하나님을 이 땅에 파송하셨고, 더 나아가 삼위일체 하나님은 그분의 선교를 위하여 이 땅에서 믿음의 사람들의 모임인 교회 공동체를 세우셨다. 이런 맥락에서 교회는 근본적으로 하나님의 선교에 참여하는 선교적 공동체로서 부름받았다는 이해를 가진다. 이렇듯 선교적 교회 담론은 하나님의 선교의 이야기 위에서 교회론에 대한 근본적 성찰을 시도한다.

선교적 교회론에서 결국 핵심 질문은 '교회의 본질이 무엇인가'에 대한 정체성의 문제다. 교회는 이미 앞서 선교하시는 하나님의 선교에 온전히 참여할 때 비로소 교회의 본래적 부르심과 세우심의 목적에 부합한다. 교회의 본질은 온 세상을 회복케 하시는 하나님의 선교에 참여하는 데에 있는 것이다. 그러므로 이 땅에 세워진 모든 교회는 선교적 사명을 가지며, 교회의 규모나 역사와 상관없이 선교적 교회가 되어야 한다. 선교적 교회론은 교회 갱신을 위한 또 하나의 프로그램이 아니라 교회의 본질을 성경적 토대 위에 다시 정초하고자 하는 근본적 움직임인 것이다. 교회는 단순히 이

전처럼 '끌어들이는'(attractional) 교회가 아니라 이제 세상을 향해 나아가며 '보내는'(missional) 교회가 되어야 하는 것이다.[66]

선교적 교회 논의의 태동과 발전이 북미와 서구교회의 상황에 대한 근본적 반성과 응답을 포함하고 있다는 점에서, 북미교회가 중심이 된 선교적 교회의 실천 방법을 한국교회에 무조건 적용할 필요는 없다. 하지만 선교적 교회 논의에서 제기되는 핵심 주장인 교회의 근본적 정체성 문제는 충분히 수용되어야 할 것이다. 아울러 한국 상황에 비춰 선교적 교회와 관련된 실제적 실천 방안들을 지속적으로 모색해야 할 것이다.

선교적 교회와 탈북민 부서 사역

선교적 교회에 대한 이해는 한국교회의 탈북민 부서 사역에 어떤 시사점과 도전을 주는가? 탈북민 부서 사역은 선교적 교회의 관점에서 어떤 방향으로 나아가야 하는가? 이를 위해 선교적 교회의 신학적 기준에 따라 탈북민 사역이 집중해야 할 세 가지 핵심 요소는 다음과 같다.

첫째, 탈북민 부서 사역은 교회 전체와 유기적으로 연결된 사역이 되어야 한다. 모든 교회는 근본적으로 하나님의 선교를 위해 존재한다. 이에 레슬리 뉴비긴은 교회가 하나님의 선교의 신실한 도구가 되어야 함을 강조한 바 있다. 따라서 교회가 선교적이라는 뜻은 "교회의 구성원 모두가 자신이 선교하시는 하나님으로부터 세상에 보내심을 받은 사람임을 깨닫는 것에서 출발"하는 것이며, 모든 그리스도인들이 선교사의 정체성으로서 선교적 삶을 살아야 하는 것임을 의미한다.[67] 그러므로 교회 내 탈북민 사역은 전체 교회의 선교적 정체성과 긴밀히 연결되어야 한다. 탈북민 사역은 북한과 통일에 관심 있는 몇몇 사람들의 특수한 봉사 영역으로만 제한되어서는 안 되며, 오히려 교회의 선교적 정체성과 선교적 실천의 맥락에서 '교회 내 모든 지체가 함께 감당하는 사역'으로 이해되고 공유되며 지원되어야 한다. 그래야 비로소 교회 내 탈북민 사역이 보다 건강하며 역동적 사역의 현장으로 세워질 수 있다.

둘째, 탈북민 부서 사역은 일상에서 삶으로 연결되는 기독교적 정체성과 신앙으로 연결되어야 한다. 선교적 교회는 하나님의 선교 사역에 부름받고 파송된 존재로서의 자기 이해에 기초하여, 일상의 삶 속에서 선교적으로 사는 삶을 말한다. 남한 성도들은 탈북민과 만나서 교류할 때 그들과 단지 아는 정도에 머무르지 않아야 한다. 친분을 쌓고 우정을 맺어가는 과정 속에서 하나님의 세밀한 일하심을 기대하며 포착할 수 있어야 한다. 하나님은 우리의 이웃들과의 만남과 관계 맺음 가운데도 함께 계시며 앞서 일하고 계시다는 믿음을 가지는 것이 선교적 정체성의 한 부분이기 때문이다. 우리 사회 속에서 낯설고 이질적으로 보이는 타자 혹은 이방인과 더불어 관계를 맺고 살아가는 모습은 기독교인의 가장 중요한 믿음의 실천 중 하나다.

셋째, 탈북민 부서 사역은 공동체적 삶의 현장 속에서 일하시는 하나님을 향해 깨어 있어야 한다. 탈북민 부서 사역은 우리의 도움이 절실한 탈북민을 돕는 사역으로 이해되어서는 안 된다. 보다 겸손하고 민감하게 하나님께서 탈북민 부서 가운데 어떻게 일하고 계시는지, 무엇을 원하시는지 남북의 성도들이 함께 분별하며 실천해 가는 삶을 살아야 한다. 탈북민 부서 사역은 '일방적으로만 섬겨주는 현장'이 아니다. 오히려 남한 성도들과 탈북민 성도들이 함께 하나님의 뜻을 분별하며 실천해 가는 공동의 믿음의 순종이 나타나는 현장이 되어야 한다. 이때 중요한 것은 공동체와 이웃 가운데 앞서 일하시는 삼위일체 하나님을 함께 분별하는 과정을 갖는 것이다. 그리고 그 자리 가운데 우리를 초청하시는 하나님의 초대에 신실하게 응답해야 한다.

접촉 이론(contact theory)

미국의 사회심리학자 고든 올포트(Gordon Allport, 1897-1967)는 1954년에 출간한 『편견: 사회심리학으로 본 편견의 뿌리』The Nature of Prejudice에서 '접촉 이론'을 제시한다.[68] 이 책에서 그는 인간 편견의 본질이라는 문제를 집요하게 파고든다. 그는 편견의 원인, 유형, 습득 방식, 정신 역동을 비롯하여 편견이 발생하고 재생산되는 사회 구조적 요인까지 분석한다. 또한 서로 다른 집단에 속한 구성원 간의 편견을 감소하거나 벗어나기 위한 가장 중요한 전략 중의 하나로 '접촉'을 제안한다. 한 집단에 속한 사람이 다른 집단의 구성원과 교류하고 교제하는 접촉만으로도 상당히 유의미한 편견의 감소 효과를 가질 수 있다는 것이다. 쉽게 말해서 자주 만나면 정이 드는 것과 같은 이치다. 따라서 이주민이나 장애인 등 서로 다른 외집단(outgroup)에 대한 고정관념과 편견이 그 집단의 구성원과 직접적으로 만나 교류하고 대화하는 접촉 경험을 통하여 상당히 해소될 수 있다. 올포트의 이 중요한 관찰은 이후 사회심리학에서 편견과 차별 극복과 관련된 연구의 중요한 토대를 제공하였다.

올포트의 접촉 이론은 단순히 사람 간의 접촉 그 자체가 편견을 극복하는 만능통치약이라는 주장은 아니다. 다만 서로 다른 집단 혹은 개인들 간의 접촉 그 자체(sheer contact)가 서로에 대한 오해와 편견, 적개심을 대체로 누그러뜨리는 효과가 있는 것은 사실이다. 그러나 피상적 접촉으로 한정될 때에는 그와 같은 접촉이 편견을 해소하는 게 아니라 더 키울 수도 있다.[69] 올포트는 접촉의 성질, 즉 접촉의 방식과 빈도, 밀도에 따라서 실제적으로 편견이 완화되는지의 여부가 달라진다고 본다. 그에 의하면 "확실히 접촉의 효과는 어떤 종류의 교제가 이루어지느냐, 어떤 종류의 사람들이 관련되느냐에 달린 것"이다.[70] 접촉의 종류에 미치는 중요한 변수는 다음과 같이 다양하다:

1) 접촉의 양적 측면
2) 접촉의 지위 관련 측면
3) 접촉의 역할 측면
4) 접촉을 둘러싼 사회 분위기
5) 접촉을 경험하는 개인의 성격
6) 접촉의 영역

접촉의 다양한 양상들이 함께 고려되고 이해되어 서로 이질적 집단 간의 편견을 극복되는 길을 찾아야 한다. 올포트는 네 가지 조건이 충족될 때 서로 다른 집단 간의 접촉을 통하여 편견이 줄어들 가능성이 높다고 보았다.

"(개인의 성격 구조 안에 깊이 뿌리내린 것이 아닌 한) 편견은 다수 집단과 소수 집단이 공동의 목표를 추구하면서 동등한 지위에서 접촉할 때 감소할 수 있다. 만일 그 접촉이 제도적 지원(법률, 관습, 지역의 분위기)를 통해 승인된 것이라면, 그리고 두 집단의 구성원들로 하여금 자신들이 공동의 이해관계와 공통된 인간성을 지니고 있음을 지각하도록 이끄는 것이라면 편견 감소 효과는 더욱 커질 것이다."[71]

이를 다시 정리하면 다음과 같다.

첫째, 두 집단의 구성원이 동등한 지위에서 접촉할 때(equal status contact) 편견이 감소한다. 그에 의하면, 비대칭적 관계 혹은 일방적 관계에서는 편견이 감소하지 않고 증가하기 쉽다.

둘째, 두 집단의 구성원이 공통의 목표를 추구할 때(pursuit of common goals) 편견이 감소한다. 함께 힘을 합쳐 특정한 목표를 달성하고자 할 때 서로 연대하며 상호이해가 심화될 수 있는 계기가 된다.

셋째, 두 집단의 구성원이 협력하여 일할 때(intergroup coordination) 편견이 감소한다. 이는 앞선 두 번째 조건과 비슷한 맥락에서 두 집단이 이해관계를 공유하며 그 안에서 서로 인간으로서의 공통점을 발견하는 과정을 통하여 편견이 감소 효과가 커진다는 점이다.

넷째, 두 집단의 접촉이 제도적 지원(법률, 관습, 지역의 분위기)을 받을 때 편견이 감소한다. 개인의 노력 외에도 사회구조적 차원에서 다층적이고 긍정적인 접촉이 생겨날 수 있는 공간이 뒷받침되어야 한다.

접촉 이론과 탈북민 부서 사역

그렇다면 올포트가 제시한 접촉 이론의 네 가지 조건에 기초하여 교회 내 탈북민 부서 사역은 어떤 방향으로 이뤄져야 할까? 탈북민 부서와 같은 서로 다른 문화적 배경에서 살아온 사람들의 만남은 필연적으로 서로에 대한 편견을 극복해야 하는 과제를 가진다. 접촉 이론에서 제시하는 접촉의 다양한 양상과 변수, 조건과 연결지어 탈북민 부서 사역에 주는 다섯 가지 가지의 핵심 함의를 살펴보겠다.

첫째, 탈북민에 대한 지식적 이해를 가지는 것이 필요하다. 올포트에 의하면, "무지는 그 자체로 중요한 편견 유발 요인이다."[72] 탈북민이 담지하고 있는 북한의 문화적 특성, 그들의 탈북 경험과 남한 정착에의 어려움과 관련된 기본 지식을 습득하는 것이 중요하다. 지식적 앎은 변화를 위한 중요한 출발점이다.

둘째, 탈북민에 대한 접촉의 경험을 늘려가야 한다. 실제 만남과 접촉이 없는 피상적 지식으로는 한계가 있다. 많은 한국교회 성도들은 자신이 탈북민을 잘 안다고 생각할지 모른다. 하지만 그러한 지식은 제한적일 때가 많다. 따라서, 탈북민 부서 사역을 통하여 탈북민과 남한 사람들이 교회 안의 다양한 영역에서 접촉할 수 있는 기회를 제공할 필요가 있다.

셋째, 탈북민과의 가벼운 접촉(casual contacts)에서 친분(acquaintance)을 쌓아가는 깊은 접촉으로 나아가야 한다. 올포트는 단순 접촉 혹은 피상적 접촉만으로는 편견이 감소되지 않을 수 있다고 지적한다. 접촉을 하더라도 피상적 접촉이거나, 그것이 "상위-종속 관계로 단단히 동결된" 만남에서 비롯될 때가 많기 때문이다.[73] 다시 말해서 가게에서 단순히 손님과 계산원으로 만나는 사이, 교회 복도에서 스쳐가면서 '저 사람은 탈북민이야'라고 아는 정도만으로는 편견이 효과적으로 감소되기 어렵다는 것이다. 반면에 "가벼운 접촉과는 대조적으로 참된 친분이 편견을 감소시킨다"라고 말한다.[74] 이런 면에서 교회 내 탈북민 사역에 있어서 공동체를 형성하기 위한 중요한 토대는 서로 간의 친분을 쌓는 데에서 시작된다. 올포트는 그의 책에서 친목 여행(social travel) 기법이 좋은 방편이 될 수 있음을 제안한다. 서로 다른 두 집단에 속한 사람들이 함께 친목 여행을 하는 경험이 서로에 대한 사회적 거리를 전반적으로 유의미하게 좁혀주었다고 소개한다.[75] 그런 의미에서 탈북민과 남한 성도 간에 보다 깊고 의미 있는 접촉 기회를 늘려야 한다.

넷째, 공통 목표 추구(Pursuit of Common Objectives)로 나아가야 한다. 남한 성도과 탈북민 성도가 같은 교회 내에 존재하는 것으로 충분하지 않다. 서로 가끔 만나서 친분을 나누는 것에 그쳐서는 안 된다. 두 집단 구성원 간의 '공통 목표 추구'가 있어야 한다. 올포트는 이를 다음과 같이 표현한다.

"문제의 핵심은 편견을 바꾸는 데 효과를 보려면 접촉이 사람의 내면에까지 이르러야 한다는 것으로 보인다. 사람들이 함께 무언가를 하게끔 이끄는 유형의 접촉만이 결국 태도를 변화시킬 가능성 있다. 이 원리는 다민족 운동부의 사례에서 분명하게 볼 수 있다. 운동부에서 중요한 것은 오직 목표이며, 팀의 민족 구성은 전혀 상관없다. 힘을 합쳐 목표달성에 나서는 것이 연대를 가져온다. 마찬가지로 공장, 이웃, 주택, 학교 등에서도 공동으로 참여하고

이해를 같이하는 것이 무미건조하게 이루어지는 동등 지위 접촉보다 효과적이다."⁷⁶

이런 면에서 탈북민 성도와 남한 성도가 함께 공통의 목표를 품는 것은 서로 간의 편견을 완화하고 하나의 공동체를 이뤄가는 데에 도움이 된다. 특별히 신앙적 관점에서 남북한을 아우르는 하나님 나라의 가치를 함께 품을 수 있어야 할 것이다.

다섯째, 접촉과 함께 복음으로 변화받는 것이 필요하다. 사람 간의 만남과 같은 접촉만으로 되지 않는 영역이 있다. 진정한 복음으로 변화된 사람들의 접촉이어야 참된 변화가 일어나고 지속되는 법이다. 서로에 대한 지식이 많이 있고 접촉이 많아도 어려움과 갈등을 경험하는 사례는 당장 가족과 친구 등의 가까운 관계에서 쉽게 발견된다. 가까울수록 서로 안에 있는 결점이 두드러지게 드러나면서 오히려 관계가 악화되는 것이다. 올포트는 접촉에도 불구하고 변화되지 않는 사례를 분석하면서, 개개인의 성격적 면도 중요한 요소임을 한 실험 결과를 인용하며 지적한다.

"불안하고 공격적인 소년들은 관용을 발달시키지 못했다. 그 소년들에게 삶은 무척이나 위협적인 것으로 보였고, 가정은 불화가 심했다. 그들은 개인적 장애가 너무 깊어서 흑인과의 동등 지위 접촉과 친분을 통해 이익을 얻을 수 없는 듯하다. 그들은 여전히 희생양을 필요로 한다."⁷⁷

접촉은 중요한 매개이자 통로이지만, 근본적으로 개개인의 내면을 바꿔

가는 동력은 복음에 대한 깊은 경험과 같은 신앙적 은혜 사건을 통해서만 가능하다. 신앙적으로 회심을 경험하지 못한 상황에서 가까운 곳에 있는 한 사람과 교류하고 친분을 나누고 우정을 맺어가는 일은 매우 어렵기 때문이다. 따라서 남한 성도와 탈북민 성도 모두 복음 안에서 하나님의 은혜로 삶과 성품이 변화되는 경험이 동반되어야 한다.

나가며

한국교회에 탈북민의 존재는 축복이다. 탈북민들은 냉전과 분단을 가로질러 한국까지 왔다. 이로써 남북한을 가르고 있는 장벽 사이에 수많은 '틈'(gap)을 내기 시작했다. 이들은 존재 그 자체로서 역동성과 가능성을 지닌다. 문제는 한국교회가 탈북민과 함께 어떻게 동역하며 건강한 교회 공동체를 세워가는가에 있다. 한국교회는 탈북민 부서 사역이 '고비용 저효율' 사역일 수 있다는 점을 처음부터 인식해야 한다. 단기 성과나 수적 부흥을 기대한다면 오히려 실망할 수 있다. 오히려 탈북민 부서 사역은 하나님의 선교적 부르심과 초청에 대한 확인에서 시작하여 장기적 안목으로 접근되어야 하는 영역이다.

지금까지 교회 내 탈북민 부서들의 사례를 검토한 후에 선교적 이론과 접촉 이론을 통하여 한국교회 내 탈북민 사역이 지향해야 할 부분을 제안하였다. 탈북민 부서는 교회 내에서 고립된 섬이 아닌 교회 전체의 선교적 방향성에 유기적으로 연결될 때에야 비로소 건강하게 자리 잡을 수 있다. 분리되기보다는 궁극적으로 통합된 하나의 교회 공동체를 지향해야 한다는 점도 강조하였다. 이런 점에서 교회 내 탈북민 부서 사역은 북한과 통일에 관심 있는 몇몇 사람들의 특수한 봉사 영역으로만 제한되어서는 안 되며, 전체 교회의 선교적 정체성과 긴밀히 연결되어야 하는 과제를 가지고 있다. 이어지는 제4부에서는 탈북민교회를 통합목회의 관점에서 본격적으로 다뤄보도록 하겠다.

(사례)
안산동산교회 통일선교팀 이야기
- 허은성 목사

21세기를 살아가는 우리는 세계 곳곳에서 서로 적대적인 목소리가 높아져 가는 것을 보고 있다. 반북反北, 반중反中, 반한反韓 정서가 등장하며, 서로가 서로를 향해 더 높은 벽을 쌓아올리는 중이다. 이런 가운데 안산에 위치한 안산동산교회 통일선교팀은 남·북·중이 함께하는 예배 공동체이다. 통일선교팀은 예수를 믿고 예수로 옷 입어 유대인이나 헬라인, 종이나 자유인이나, 남자나 여자나 모두 예수 안에 하나갈 3:28 됨을 경험해 가고 있다.

안산동산교회에서 통일선교팀이 시작된 이래 13년이라는 세월이 흘렀다. 그동안 120여 명의 탈북민이 교회에 등록했다. 안산에 거주하는 600여 명의 탈북민 중 6분의 1은 통일선교팀에서 만난 것이다. 그만큼 많은 탈북민이 예수님을 믿거나 관심을 가졌다는 증거다. 현재 통일선교팀은 30여 명의 북향민(탈북민)과 10명 내외의 중향민과 20여 명의 남향민이 함께 예배를 드리고 있다. 북향민 직분자 16명(교구 셀리더2, 부리더1)이 있고, 임원으로는 남향민 3명, 중향민 2명, 북향민 6명이 구성되어 섬기고 있다.

100여 개국 8만 1천명 이상의 이주민이 사는 안산의 다채로움만큼이나 통일공동체의 구성도 다양하다. 중향민 남편과 사는 탈북민 아내처럼, 남과 북 혹은 북과 북의 결혼으로 자녀들도 다양한 배경을 가지고 있다. 생명과 진리의 자유를 주시는 예수님 안에 정착하기까지 많은 이들은 정치·경제·문화적 측면에서 서로 다른 의견과 문화로 인한 갈등과 고통의 분단을 경험한다. 그러나 단언컨대 교회는 가장 많은 통일을 경험하는 곳이라고 할 수 있다. 남·북·중으로 예수의 사랑을 깨닫게 되고 그분을 닮아가면서 서로를 이해하고 공감하며 사랑함이 성숙해지는 모습이 나타나고 있다.

북향민은 때로 교회의 남한 성도들에게 상처받는다. 북향민 목회자에게서도 상처를 받기도 한다. 그래서 교회에 '안나가' 성도가 된 탈북민 그리고 이단에 빠진 북향민 성도를 위해서 계속 기도한다. 이를 통해 기도의 열매들이 나타남을 경험한다. 오랜만에 그들을 다시 만나 우리에게 사랑이 없었음을 고백하고 용서해 주기를 바라는 말을 건넬 수 있는 기회를 하나님께서 주시는 것을 경험한다. 그러니 나는 성도의 교제와 신앙의 회복을 위해 멈추지 않고 계속 기도할 수밖에 없다.

교회가 명절을 맞아 어려운 이들을 위한 선물이라도 준비할 때면 어려운 이웃의 몫까지 함께 바라는 마음이 탈북민에게 많다. 정치적·경제적 어려움으로 이웃과 가족과의 이산을 경험했던 탈북민 성도들만의 더 각별한 사랑 정신 때문일 것이다. 몸이 매우 아파서 매일 한 줌 가까이 되는 약을 먹으면서도 후원 단체에서 받는 콩나물이나 선물을 지역의 힘든 남한 성도 혹은 이웃에게 꾸준히 나누는 북향민 성도들이 많다.

우리 교회에서는 남·북·중 성도가 함께 북녘 주민들의 마음을 교회에 알리고자 해마다 사진 전시회를 열기도 하고, 암 투병 중인 북향민 성도와 북녘 아이들을 돕기 위한 바자회도 교회 본당 앞마당에서 연다. 지역의 개척 교회와 연합해 남향민과 북향민 전도를 함께 진행한다. 여름 수련회 때는 판문점과 가까운 작은 교회로 찾아가 남북을 하나 되게 해주시길 바라는 찬양을 하모니로 간절히 부른다.

우리 교회 남·북·중 성도들은 서로 다른 만큼이나 하나님의 폭넓고 높으신 유난스러운 사랑을 더 유난스럽게 경험하는 복 있는 성도들이다. 코로나 시대 속에서 남향민 성도의 사랑 못지않게 북향민 성도들이 남향민 성도들을 기억하고 전화하는 사례가 많아졌다. 그들만큼이나 육체적·경제적 이산과 이주를 경험했음에도 주의 부르심을 통해 어려운 이들과 함께 사는 남향민 성도들의 보배로운 신앙의 모습을 보고 배우며 깨닫게 하셨기 때문일 것이다.

중향민은 통일공동체 속에서 통일을 진심으로 응원하고 있다. 중향민은 교회 공동체 안에서 복음으로 새로워지고 변화되는 북향민들을 목도하며, 이를 통해 누구보다도 북녘의 회복을 바라는 염원을 갖게 된다. 대한민국에서 나그네로 사는 심정을 통하여 중국에서 나그네로 살던 탈북민의 심정을 이해하고 공감할 때, 완전히 새로운 마음의 영역과 선교의 소망이 펼쳐진다. 북향민을 복음으로 싸매주고 싶은 심정이 중향민 가운데 커지며, 북녘 땅을 살릴 복음 신앙의 정신으로 깊어진다.

남·북·중향민은 서로에게서 듣고 배우려 한다. 바벨론 포로와 같이 어둠과 아픔에 끌려갔던 북녘 성도들의 고난과 신앙을 통해 그들 서로는 남·북·중향민을 자녀이자 성도로 부르신 하나님 아버지의 사랑을 배운다. 해마다 쉴 틈 없이 일하며 북녘과 중국에 남아있는 부모와 자녀들에게 송금하는 선교사와 같은 북향민 성도들을 통해 남한과 중향민 성도들이 연합하여 공동체를 섬기는 마음을 하나님께서 부어주신다.

  복음을 통하여 통일은 이미 시작되었다. 많은 의사에게 허비하였어도 괴로움만 받고 중하여졌던 남·북·중 성도들이 예수님의 몸에 손을 대었으니 말이다막5:26-28. 예수님을 닮아가는 증거는 서로의 병이 중한 것과 낫고자 함을 아는 것이리라요5:6. 서로 다른 우리를 한 교회 공동체로 세워가시는 주 예수 그리스도의 복음이 우리를 통과하여 지역으로 흘러가며 미래에도 확장되기를 간절히 간구한다.

제4부

남북통합목회의 세 번째 물결:
탈북민교회

남북통합목회의 시작은 북을 떠나 남으로 내려온 성도를 대상으로 한 월남민 목회에서 찾을 수 있다. 이를 남북통합목회의 첫 번째 물결이라고 칭한다. 1990년대 중반 이후 탈북한 이들을 대상으로 시작한 한국교회의 선교와 목회적 접근은 남북통합목회의 두 번째 물결이다. 그렇다면 남북통합목회의 세 번째 물결은 무엇일까? 남북통합목회의 세 번째 물결은 탈북민을 중심으로 세워진 탈북민교회다. 탈북민교회는 크게 두 가지로 구분할 수 있다. 하나는 남한 출신 목회자들이 세운 교회이며, 다른 하나는 탈북민 목회자들이 세운 교회다. 제4부는 한국 내 탈북민교회의 목회를 보다 깊이 이해하는 데에 초점을 맞춘다.

1

탈북민교회란 무엇인가

탈북민 목회자와 월남민 목회자의 비교

　탈북민 목회자들은 1세대 월남 목회자들의 경우와 같이 북한을 떠나 남한에 와서 신앙생활을 하며 교회를 개척하기 시작했다. 2021년 3월 현재, 한국 내 탈북민교회의 수는 총 58개이며, 그중 남한목회자가 개척하여 탈북민과 함께 하는 교회는 23개다.[78] 탈북민교회와 월남민교회를 단순 비교하는 것은 이 두 그룹의 시대적 배경과 처한 상황이 너무 다르기 때문에 어렵다. 하지만 그럼에도 불구하고 이 둘을 비교하는 것은 충분한 의미가 있다.

	월남민교회 및 목회자	탈북민교회 및 목회자
발생시기	1945–1953년 사이	1990년대 중반 이후~현재까지
탈북의 주된 이유	정치적 혹은 종교적 이유가 대부분	경제적 이유가 대부분
북한 내 계층	중상층	중하층
북한 내 출신지역	평안도, 황해도	대부분 함경북도, 양강도
주된 세대	20–30대 남성(?)	20–40대의 남성 및 여성
남한 정착지역	서울과 부산	수도권 70% 이상
신앙 형성의 계기	북한을 떠나기 전에 이미 신앙을 가진 경우가 많음	북한을 떠나 중국에서 신앙 가진 경우가 대부분임

[표1] 월남민 목회자와 탈북민 목회자의 비교

위의 표에서 보듯이 월남민 목회자와 탈북민 목회자 간에는 겹치는 부분이 거의 없다. 그러나 결정적 공통점이 하나 있다. 그것은 두 목회자 그룹 모두의 고향이 북한이며, 이들이 남한에 와서 이질적 문화 가운데(물론 4–50년대 남북한의 문화는 지금보다는 훨씬 덜 이질적이었겠지만) 뿌리를 내리고 살아가야 했다는 점이다.

탈북민교회의 정의와 현황

2000년대 초까지만 해도 별도의 독립된 탈북민교회는 없었다. 대부분의 탈북민은 한국교회 내 북한선교 부서에 속해 있었다. 그러다가 2004년 탈북민 목회자가 처음으로 교회를 개척하면서 탈북민교회가 시작되었다.[79] 탈북민 목회자에 따라 탈북민교회에 대한 정의가 다르다. 어떤 이는 탈북민이 모여있기 때문에 탈북민교회라고 본다. 또한 탈북민교회는 한국교회와 다를 바 없고 다만 복음을 전하는 대상이 탈북민이어서 탈북민교회라고 보는 인식도 있다. 그러나 탈북민교회가 탈북민을 위해 꼭 필요하다는 인식은 공통적으로 나타났다. 몇몇 탈북민 목회자의 증언을 들어보자.

"탈북민교회란 통일선교의 마중물입니다. 탈북민교회가 있으므로 한국교회에 통일선교에 대한 부분이 와닿을 수 있습니다. 한국교회가 탈북민교회와 연합함으로 인해 북한선교에 관심없던 교회가 참여하게 되었습니다. 이런 부분에 대해서 탈북민교회가 그 역할을 다해야 한다고 생각합니다."

"탈북민교회는 탈북민들이 모이는 교회입니다. 탈북민을 대상으로 해서 지은 이름이지만 탈북민은 이 이름을 선호하지 않습니다. 탈북민이란 이름에는 사회통합의 의미가 숨어있으므로 대안으로 탈북민교회보다는 통일민교회로 하는 것이 어떤지요. 이렇게 제안한 이유는 남북한에 이질화된 문화를 하나로 담아야 하기 때문입니다."

"(탈북민교회는) 탈북민을 신앙 안에서 잘 정착시키는 교회입니다. 탈북민교회를 탈북민교회라고 하지 말고 통일을 준비하는 교회라고 해야 하는 것이 좋을 것이라 생각합니다."

"탈북민교회란 북한에서 온 탈북민에게 복음을 전하고 그들과 함께 북한에 복음을 전하려고 준비하는 교회입니다."

"탈북민교회는 탈북민 목회자들이 일반교회에 적응하지 못하고 탈북민 성도들과 함께 개척한 교회로 인식되었지만, 한국에 입국한 탈북민 성도들이 한국교회에서 계속 손님으로 남아있어야 하기 때문에 자기들만의 교회가 필요해서 세운 것이 탈북민교회입니다."

대부분의 탈북민 목회자는 탈북민교회가 탈북민을 위한 교회로서 한국교회와 협력하여 통일을 준비해야 하는 사명을 가진 교회로 이해하였다. 하지만 한국에 입국한 탈북민은 한국에 정착 기간이 길수록 교회를 떠나는 비율이 높아진다.[80] 이러한 원인은 한국교회의 준비 안 된 사역, 잘못된 물량공세, 겸손이 없는 선생님처럼 가르치려는 자세 그리고 담임목회자의 인식 부족으로 온 결과 등이다.[81]

인터뷰에 따르면, 탈북민교회의 가장 큰 어려움은 재정이다. 70%에 해당하는 탈북민교회의 월 평균 수입(헌금과 기타 후원금 포함)은 불과 300만 원 이하다.[82] 교회 유지비(임대료 포함)를 제외한 나머지로 목회자들이 생활해야 하는데, 전체의 42%에 해당하는 탈북민교회의 목회자들이 교회로부터 사례를 받지 못하는 것으로 나타났다.

이런 경우에 탈북민교회는 대개 두 가지 방향으로 나아가길 원한다. 하나는 외부 후원을 요청하는 방식이다. 외부 후원은 탈북민교회의 '탈북민성性'을 부각해야 하기 때문에 이런 교회는 대개 탈북민 중심의 목회를 벗어나기 어렵다. 다른 하나는 남한 성도들이 많이 와서 재정적 기여를 하는 방식이다. 대체로 남한 성도들의 경제적 수준이 높아 탈북민 성도보다 재정적 헌신도도 높기 때문이다.

탈북민교회는 재정적 상황에 따라 탈북민만 대상으로 하는 탈북민 중심의 목회로 가느냐 아니면 남북통합목회로 가느냐로 나눠진다. 대다수 탈북민교회가 재정적으로 열악하다. 전체 성도의 숫자가 적기 때문이기도 하지만 탈북민을 양육하여 직분자로 세워도 대다수가 교회에 헌금을 할 만큼 영적으로 성숙하지 못했거나 그럴 수 있는 형편이 되지 않기 때문이다. 이에 따라 많은 탈북민교회는 여러 한국교회로부터 직간접적으로 재정적 후원을 받는 경우가 많다. 심지어 어느 탈북민 목회자는 "탈북민교회의 탈북민 성도들이 늘어날수록 교회가 더 어려워졌다"라고 고백하였다. 왜냐하면 교회에서 도와야 할 사람은 더 늘어나는 반면에 교회에 들어오는 헌금은 그만큼 따라주지 않기 때문이었다. 그래서 후원 구조가 확립되지 않으면 탈북민교회는 생존하기 어렵다. 한 목회자는 "성도들 70%가 제대로 자리 잡아야 자립할 수 있으며 그때까지는 외부로부터 후원을 받아야 한다"라고 의견을 피력하기도 했다.

탈북민 A목회자는 교회를 개척할 때, 보증금 5백만 원에 월 60만 원, 시설비 5백만 원이 들었는데 주위에서 준 도움이 컸다. B목회자의 교회는 매월 재정의 40%가 교인들의 헌금이고, 나머지는 외부 후원금이다. 성도들 중에서 십일조 헌금을 하는 가정은 2-3가정뿐이다. C목회자는 교인들이 보통 주일에 만 원씩 헌금을 하는데, 십일조를 하는 교인은 없다고 하였다. 그는 지금까지 헌금에 대한 설교를 해본 적이 없다고 했는데, 이는 헌금을 할 수 있을 만큼 성숙한 신앙을 가진 성도들이 없기 때문이었다. D목회자는 교회가 자립이 안 되어 운영이 어렵다고 하였다. 직분자들이 다 십일조를 해서 매월 150만 원 정도 들어오지만 경상비가 모자라 매월 후원을 받아야 한다고 하였다. 대다수 탈북민교회는 탈북민 사역을 하고 있었고, 교회의 자립과 운영이 안 되어도 선교는 계속해야 한다고 생각하고 있었다. 특히 중국에 있는 탈북민과 그 자녀들을 돕는 일을 계속하는데 이 후원금은 대부분 한국교회와 한국 성도들의 후원으로 충당한다고 하였다. E목회자는 교회의 헌금이 매월 120만 원 정도인데, 이때 탈북민의 헌금은 겨우 천 원이나 2천 원 정도이고 대부분은 헌금을 거의 안 한다고 한다. 헌금의 대부분은 남한 성도들의 십일조라서 자립이 어렵다고 하였다. H목회자 역시 생활비는 전혀 없다고 하면서 교회에서 성도들이 헌금하는 것은 매 주일 6-7만 원 정도로 주일 점심 한 끼 식사를 함께 하면 다 떨어지고, 임대료와 생활비는 사모가 벌어서 교회 사역비를 채운다고 하였다.

이처럼 대다수 탈북민교회는 심각한 재정적 어려움을 겪고 있다. 한국교회가 탈북민교회를 돕고 후원하지 않으면 탈북민교회의 성장은 막힐 수밖에 없으며, 결국 탈북민 사역에도 악영향을 미치게 될 것이다. 탈북민교회가 잘 되어야 탈북민의 신앙적 자립도 생겨나고 북한선교와 통일을 이루는 데 있어서도 주도적 역할을 감당할 수 있다는 점에서 탈북민교회가 건강하게 자립할 수 있도록 한국교회가 힘을 모을 필요가 있다.

탈북민교회의 역할은 무엇인가?

필자들은 다음과 같은 질문들, 즉 '탈북민은 왜 탈북민교회를 찾는가', '탈북민이 한국사회와 교회에서 정착한 지 20년이 지났음에도 여전히 탈북민이라고 불리는 이유가 무엇인가', '그들은 왜 스스로 게토화되고 있는가'에 대한 답을 탈북민교회에서 찾았다. 탈북민은 이주민과 유사한 양상을 가진 부분이 있기 때문에 이주민의 정착 이론에서 탈북민교회의 역할을 찾아보고자 한다. 사회학자 알레한드로 포르테스(Alejandro Portes)에 따르면, 이주민 편입양태의 세 가지 차원은 '수용국의 정책', '시민사회와 여론' 그리고 '이주자 집단의 지역사회 공동체'다.[83] 첫째, 탈북민에 대한 수용국의 정책은 다른 정부나 다른 이주민과 비교했을 때 남한 정부가 상당히 노력하고 있다고 볼 수 있다. 둘째, 탈북민에 대한 시민사회의 여론은 아주 긍정적이지만은 않다. 민족동질성에 기인하여 탈북민에 관심 있는 사람도 적지 않지만, 상당수 탈북민은 남한 사람의 외면과 무시, 그리고 경계와 차별을 경험하기도 한다. 셋째, 탈북민의 남한 내 지역사회 공동체는 참여가 미약하다고 할 수 있다. 남한 사회에서 탈북민들이 집단적으로 모일 수 있는 통로는 많지 않다. 이러한 배경 가운데 탈북민교회가 생겼다고 할 수 있다.

탈북민교회는 탈북민들이 한국사회에 통합되는 데 중요한 두 가지 역할을 담당하고 있다. 첫째는 '오아시스의 역할'이다. 한국교회가 탈북민을 품게 된 것은 민족적 동질성 때문이기도 하지만, 더 큰 이유는 그들의 고통을 분담하기 위함이었다. 1994년부터 한국기독교총연합회(한기총)를 중심으로 한국교회가 북한의 대홍수와 기근을 위해 돕기 시작했고, 고난의 행군 기간에 생긴 아사자 300만 명의 위기 가운데 북한 주민들을 여러모로 도운 부분이 있다. 이후 북한을 떠나 중국과 제3국에 있던 이들이 남한으로 들어오게 되면서 한국교회가 이들을 향해 여러 온정의 손길을 주자 적지 않은 탈북민이 교회로 오게 되었다. 일반적으로 많은 탈북민은 극단적 삶을 경험하고 한국에 들어온다. 그들은 한국사회에서 새로운 세계를 접하게 되고, 남한에서 돈이나 인맥 없이 살기 힘들다는 사실을 알게 되면서 어떠한 방법으로든지 경제적 돌파구를 찾고 인맥을 쌓고자 하는 마음을 갖게 된다. 탈북민 단체들의 도움이 한계가 있는 것을 경험하면서 새롭게 찾아가 관계를 맺게 되는 곳이 교회가 되기도 한다. 그러나 한국교회가 자신들을 한편으로는 동정하면서 다른 한편으로는 수단화하는 것을 경험하고,[84] 남한 사람 중심의 한국교회를 떠나 다시 찾게 된 곳이 탈북민교회다. 한국교회로부터 동등하지 못한 대우를 받은 탈북민은 차라리 차별 없이 동등한 대접을 받을 수 있는 탈북민교회를 대안으로 생각하여 이동하기 시작했다. 특히 한국사회에서 약자인 그들은 동변상련인 탈북민 목회자들의 포용과 보살핌을 받고 보호를 받는 것을 선호하기도 한다. 이런 면에서 탈북민교회는 나름의 '케노시스(자기비움)'의 역할을 했다. 여기서 케노시스란 상호존중과 인정의 관계 맺음 방식에서 출발하는 지점이다.[85] 이런 의미에서 탈북민교회는 탈북민을 살리는 오아시스다.

둘째는 '징검다리의 역할'이다. 탈북민교회는 탈북민에게 쉼터이자 탈출구이며 신병대기소와 같은 역할을 한다. 탈북민이 남한에 오면 이주민과 같은 정책적 보호를 받게 된다. 일반적으로 이주민들은 새로운 국가에서 적응하며 살기 위해 10개의 영역에서 유기적 연계로 얽혀있게 된다. 국제보건학자 에이거(A. Ager)와 심리학자 스트랭(A. Strang)은 이를 핵심영역이라고 하였다.[86]

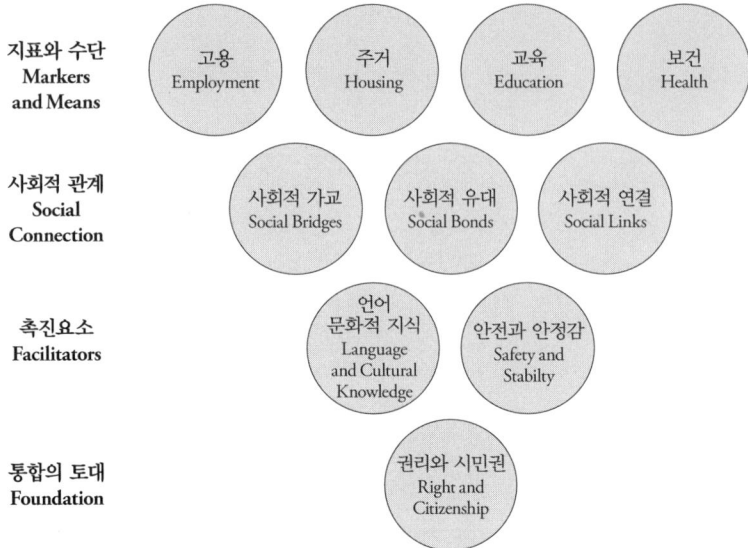

[그림1] 연구 분석틀(Ager, A., & A. Strang, 2008. 170)

[그림1]에서 보듯이 에이거와 스트랭은 이주민이 그 사회에 적응하기 위한 요소의 상위영역을 통합의 토대, 촉진 요소, 사회적 관계, 그리고 지표와 수단으로 구분하였다. 이에 대한 하위영역으로 통합의 토대는 '권리와 시민권'이고, 촉진요소는 '언어문화적 지식'과 '안정과 안정감', 사회적 관계는 '사회적 가교', '사회적 유대', '사회적 연결', 지표와 수단의 하위영역은 '고용', '주거', '교육', '보건'으로 보았다. [그림1]의 열 가지 핵심영역은 탈북민이 남한 사회에 정착하기 위해 꼭 필요한 것이나 이주민과 약간 다른 부분은 시민권 취득과 언어 지식 면에서 이주민과 달리 어렵지 않게 취득하고 소통할 수 있다는 데에 있다. 그렇기 때문에 탈북민은 이주민보다 더 수월하게 한국사회에 적응하고 동화되며 통합될 수 있는 여건이 된다.

에이거와 스트랭이 제시한 지표에서 통합의 토대를 제외한 나머지 모든 영역은 탈북민교회가 기여하고 있는 것으로 볼 수 있다. 지표와 수단인 고용, 주거, 교육, 보건은 국가적 차원에서 해결해 주어야 하는 프로그램이지만 탈북민교회가 도움을 주고 있고, 안전과 안정감과 사회적 관계는 지역사회나 지역 공동체가 해야 할 일이지만 탈북민들에게 만족감을 주지 못하고 그들의 필요를 다 채워주지도 못한다. 그렇기에 촉진요소와 사회적 관계를 해결하기 위해서 탈북민교회가 꼭 필요하다. 촉진요소에서 안정과 안정감은 인종차별, 폭력, 집단 따돌림 등 인권침해와 같은 것을 예방하는 것이며, 탈북민들이 한국사회에 평등하게 참여할 수 있는 길을 열어주는 역할이다. 이런 역할을 탈북민교회가 한다는 측면에서 교회는 탈북민이 한국사회에 적응하며 통합될 수 있는 징검다리의 역할을 하고 있다고 볼 수 있다.

탈북민이 탈북민교회를 찾는 이유 중 하나는 그들이 남한 사회에 적응하는 과정에서 겪는 어려움 때문이며 또한 이를 위한 도움을 얻기 위함이다. 탈북민은 북한을 떠나 남한 사회의 비주류로 살거나, 주변인으로 살기 위해 온 것이 아니라 남한 사회의 시민으로 정착하여 살기 위해 왔다. 그러나 많은 이들이 이 과정에서 실패하고 자신들의 동굴로 들어가거나 분리되어 게토화되고 있다.

통합은 체제나 가치의 통합을 의미하기도 하고, 문화와 사회통합을 말하기도 하며, 규범이나 언어 그리고 기능의 통합을 의미한다. 사회통합의 경우 주로 체제통합과 가치통합으로 구분되는데, 체제통합은 정치나 경제의 통합을 의미하고 가치통합은 상호이해수준, 상호교류수준, 정체성수준으로 세분화하여 설명된다.[87] 이런 면에서 남한 사회는 정치나 경제 통합을 이룰 수 있도록 정책과 프로그램을 계발하고 발전시켜야 하며, NGO나 탈북민 단체는 가치통합을 이뤄가는 전략과 전술을 만들어야 한다. 탈북민교회는 이러한 통합의 과정에서 귀중한 역할을 감당할 수 있다. 탈북민교회는 탈북민의 신앙교육과 함께 가치통합의 장을 마련하고 훈련시키는 곳이기 때문이다. 탈북민은 남한 사회의 가치와 정체성을 공유하기를 원하는데, 이러한 공동의 가치와 정체성을 공유하기 위해서는 연대를 통한 심리적 통합이 필요하며 규범과 가치의 내면화가 이뤄져야 한다. 이런 심리적 통합은 기독교 신앙을 통해 이룰 수 있다.

그러나 실제 통합을 이루는 과정은 매우 어렵다. 일반적으로 사회 구성원들의 수준이 다르거나 이해관계가 다르면 통합이 쉽지 않다.[88] 탈북민교회의 마요한 목사는 탈북민이 남한 사회에 통합되기 어려운 장애요인으로 문화적 이질감, 정체성 혼란, 가치관 차이, 죄책감, 심리적 불안, 경제적 어려움 그리고 한국사회의 편견 등을 들었다. 그러나 동시에 많은 탈북민이 이러한 어려움을 감내하고 극복하여 열심히 살아가고 있으며 시간이 흐름에 따라 보다 건강하게 정착하고 통합될 것으로 기대했다. 이런 역할을 가장 주되게 감당하는 곳이 바로 탈북민교회이며, 이는 탈북민교회만의 과제로 남겨져서는 안 되고 한국교회와 한국사회가 함께 협력해야 하는 지점이라고 그는 주장한다.

탈북민교회의 모델을 제시할 수 있는가?

탈북민교회는 아직 미약하지만 남한에 들어온 탈북민의 정착을 돕고 그들을 신앙적으로 세우며 궁극적으로 하나님께서 이루실 북한의 회복과 복음 통일을 이루는 데에 있어서 매우 중요한 역할을 하게 될 것이다. 하나님께서 남한에 탈북민을 보내시고 탈북민 목회자를 세우시는 것은 이 민족을 향한 하나님의 뜻과 계획을 이루시기 위함이다.

탈북민교회의 중요한 사명 중 하나는 무너졌던 북한 지역의 교회가 회복되고 남과 북의 사람들이 그리스도 안에서 다시 하나가 되게 하는 데에 있다. 남북한의 문화는 오랜 분단의 역사 때문에 이질화되었기 때문에 회복과 통합이 결코 쉽지 않다. 당장 남한에 존재하는 탈북민교회의 중요한 역할이 여기에 있다. 하나님께서 탈북민을 이 땅에 보내신 목적에 따라 그들이 잘 정착하고 믿음 안에서 준비될 수 있도록 해야 하는데 한국교회가 그 사명을 제대로 감당하지 못했기에 그 대안으로 탈북민교회가 세워졌다고 볼 수 있다.

이런 측면에서 탈북민교회의 역할은 사람의 통일을 준비하는 데에 있어서 핵심적이다. 탈북민교회는 한국교회가 탈북민과 북한 주민을 품으며 통합을 이룰 수 있도록 준비하는 동시에 탈북민교회 자체도 그러한 역할을 감당해야 할 것이다. 이는 때가 되면 탈북민교회가 해체되거나 존재감을 잃어간다는 것을 의미하는 것이 아니다. 따라서 탈북민교회는 그리스도 안에서 사람의 통일을 위해 지금부터 더 적극적으로 준비해야 한다.

하지만 탈북민교회는 과도기적 특징도 함께 가진다. 이미 여러 탈북민교회에서 새로운 목회 비전과 방향이 감지된다. 지금까지 탈북민교회라고 할 때 탈북민만으로 구성되거나 탈북민이 주축이 되는 교회라는 인상이 강했다면, 최근에는 소수이지만 남한 성도들도 함께하는 교회로 변모해 가는 모습이 보인다. 이에 따라 이 교회들을 단지 '탈북민교회'라는 명칭이나 틀 안에 두기도 어려워지고 있다. 아직은 탈북민 성도들이 있기 때문에 그런 교회를 구분하기 위해 탈북민교회로 부르는 것은 어쩔 수 없지만, 계속해서 탈북민만 모이고 탈북민만을 위한 교회가 되어서는 안 될 것이다. 실제로 많은 탈북민 목회자들이 꿈꾸며 만들고 싶어하는 교회는 '탈북민'이라는 꼬리표를 뗀, 경계가 없는 '일반적 교회'이며 '열린 교회'다.[89] 이제 '탈북민교회'는 예수 그리스도의 이름으로 남과 북의 성도들이 함께하는 통합목회의 현장이 되는 통일한국의 미래교회로 준비되어야 할 것이다. 탈북민 목회자 중 한 분은 다음과 같이 고백하였다.

"남북이 함께 하나가 되어가는 교회가 좋다. 늘 그런 교회를 꿈꾼다. 통일이 되었을 때 북한으로 가서 복음을 전하기 위해서는 남한 성도와 북한 성도가 함께 있어야 한다. 탈북민만 모여서는 안 된다. 남북이 함께해야 한다. 탈북민만 있으면 건강한 교회로 성장하는 데 한계가 있다."

이렇듯 탈북민교회가 추구하는 방향은 한국교회 내 탈북민 부서 공동체에서도 똑같이 일어나고 있다. 탈북민만으로 구성된 교회나 공동체보다는 남과 북의 사람들이 함께하는 교회나 공동체가 더 영적 성숙도가 빠르고 역동적이라는 사실이 많은 사역의 현장에서 증명되고 있다. 그래서 탈북민만을 위해 시작된 공동체도 시행착오를 거쳐 탈북민만이 아닌 남한 성도도 함께하는 예배 공동체로 바뀌어 가고 있다. 중요한 것은 '어떻게 남북한의 성도들이 함께하느냐'다.

현재 탈북민교회나 공동체에서 함께하는 남한 성도들의 경우, 탈북 성도와 동등한 지체로 함께한다기보다는 그들을 이끌고 가르치기 위한 위치에 서 있는 경우가 많다. 건강한 공동체로 서로 하나를 이루기 위해서는 그리스도의 몸을 이루는 지체로 함께하는 것이 중요하다. 그러므로 남한 성도들이 탈북민교회에 함께한다고 할 때 선생이나 멘토의 자격이 아니라 탈북민과 같은 위치에서 동등한 멤버로 참여해야 한다.

건강한 모델 교회에 대한 기준이 따로 세워져 있는 것은 아니다. 탈북민교회를 목회하는 목회자들이 생각하는 기준들에도 조금씩 차이가 있다. 하지만 남과 북의 성도들이 함께할 때 미래적인 건강한 교회를 세워갈 수 있다는 것에는 이견이 없다.

통일 후에도 한반도에 남과 북의 사람들이 통합을 이루어 함께하는 교회로 계속해서 세워져 가려면 지금부터 건강한 내적 기준들이 만들어져야 한다. 우선은 남과 북의 사람들이 그리스도의 몸을 이루는 동등한 지체로 세워져야 하며 끝까지 함께하기 위해서는 탈북민을 사역의 대상이 아닌, 하나님의 나라를 함께 이룰 동역자로 받아들여야 한다. 그리된다면 탈북민교회의 건강하고 바른 사역 방향과 방법이 제시될 수 있을 것이다. 그렇게 되면 더 이상 탈북민을 단지 긍휼의 대상이 아닌 북한 회복과 복음통일의 사명을 감당할 하나님의 소중한 일꾼으로 바라볼 수 있게 되며, 남과 북의 지체들이 함께 그 비전을 향해 나아가며 준비할 수 있게 될 것이다.

남과 북의 지체들이 하나를 이루어 가는 목회현장에서 주의해야 할 것은 '구별'과 '차별'이다. 남과 북의 지체들이 함께하는 교회를 말할 때 그 핵심은 어느 한쪽이 다른 쪽을 지배하거나 관심의 차이를 두는 것이 아니라 그리스도 안에서 진정으로 하나를 이루는 것이다. 앞서 언급한 대로 일부 한국교회에서 남한 성도는 선생으로, 북한 성도는 학생으로 간주된다. 다행히 탈북민교회는 그러한 구도가 덜 두드러지지만, 오히려 교회의 주도권이 탈북민에게 집중된 까닭에 오히려 남한 성도가 역으로 소외되는 경우도 있다. 이에 따라 탈북민교회에서 역逆차별 현상이 나타나기도 한다. 물질적 측면에서 남한 성도도 어려운 경우가 있다. 하지만 아무래도 탈북민교회의 관심이 탈북민 성도들에게 편향되기 쉬워서 어려운 남한 성도에게 역차별로 느껴질 뿐만 아니라 성숙한 신앙을 가진 탈북민 성도에게도 불편하게 받아들여질 수 있다. 사람의 통일은 수직적 관계에서 이루어질 수 없다. 진정으로 하나를 이루어 가려면 우리는 반드시 이러한 구별과 차별의 벽을 넘어야 한다.

통일 후에도 한반도에 남아있을 모델 교회는 남과 북의 지체들은 물론 디아스포라와 열방의 지체들까지 불편함 없이 함께하며 마지막 시대를 향한 하나님의 사명을 감당하는 교회가 되어야 할 것이다. 그것을 위해 모든 성도들이 서로에 대해 마음을 열고 하나가 되는 것이 중요하다. 때문에 교회는 설교와 기도를 통하여 계속해서 우리는 그리스도 안에서 한 가족이라는 것을 지속적으로 강조하고 선포해야 한다. 가족이라면 진정으로 사랑하는 마음에서 서로를 이해하고 모든 일에 함께할 수 있어야 한다. 부족하더라도 기다려 주는 것이 가족이다. 성경에서 보여준 초대교회의 모습이 바로 그것이다. 예수 그리스도의 이름 아래 이방인이나 유대인이나, 부한 자나 빈곤자나, 종이나 주인이나 그 차이를 내려놓고 한 가족이 되어갔다. 그들은 서로의 아픔과 기쁨은 물론 삶의 모든 것을 함께 공유하였다. 그러한 내면의 건강함이 있었기에 초대교회가 세상을 향해 엄청난 영적 영향력을 발산할 수 있었던 것이다. 남과 북의 지체들에게도 이러한 믿음의 선포와 실천이 요구된다. 서로 마음의 벽을 내려놓고 다가가 친구가 되고 가족이 되고 그리스도 몸의 지체로서 살아가며 하나님께서 주신 비전과 사명을 선포할 때 하나 됨의 기적들이 일어나게 될 것이다.

탈북민교회에서 남한 성도의 역할은 무엇인가?

탈북민 중심의 교회가 향후 남북통합목회로의 전환을 가능하게 하기 위해서는 남한 성도의 존재와 역할이 중요하다. 그렇다면 남북통합목회를 가능하게 하는 남한 성도들의 역할은 무엇일까? 탈북민 목회자가 바라는 남한 성도의 위치와 역할은 무엇일까?

탈북민교회를 담임하는 탈북민 목회자들이 남한 성도에게 복잡한 심정을 가지기도 한다. 남한 성도들이 많이 와서 교회를 든든히 함께 세워가기를 원하는 마음이 있는 반면에 동시에 기존 교회 공동체의 탈북민 중심성이 약화될 정도로 남한 성도가 주도권을 가져가기를 원하지는 않는 것이다. 남한 성도는 여러 가지 면에서 교회의 주도권을 가져갈 수 있다. 재정, 행정, 양육 등 모든 면에서 탈북민 성도보다는 잘 훈련되어 있기 때문이다. 하지만 남한 성도가 주도권을 가져가게 되면 탈북민 성도는 자칫 탈북민교회에서도 소외받게 될 수 있다. 그러면 더 이상 남한 땅에서 이들이 마음껏 신앙생활을 할 수 있는 신앙 공동체가 없어지게 되는 것이다. 이런 점에서 탈북민교회 안에서 남한 성도들은 제한된 역할만을 요구받는 태생적 한계를 가질 수 있다.

일반적으로 남한 성도가 탈북민교회를 찾는 이유는 크게 두 가지다. 하나는 북한선교에 대한 헌신의 일환으로 탈북민을 돕고자 하는 것이고, 다른 하나는 탈북민과 결혼한 남한 성도일 경우다. 언뜻 보기에 북한선교에 헌신한 남한 성도가 탈북민교회에 잘 정착할 것으로 생각하지만, 정작 현실은 그렇지 않을 때가 있다. 그 이유는 그러한 남한 성도의 사명감과 헌신도가 너무 커서, 그들을 탈북민 공동체가 수용하기 어렵기 때문이다. 헌신된 남한 성도들은 본인들이 경험하고 배운 부분을 탈북민교회에게 제안하고 요구할 때가 있는데, 정작 탈북민 목회자와 성도들은 거창한 사명보다는 남한 성도들이 교회 공동체 안에 스며들어 그들과 하나 되기를 원하는 것이다. 이러한 시행착오의 과정은 대략 2-3년 정도 걸리는데, 이 시간을 견디지 못하고 많은 남한 성도가 탈북민교회를 떠난다. 이럴 때 남아 있는 탈북민 목회자와 성도들은 허탈감을 느끼고, 이후로 새로운 남한 성도에게 마음을 열지 않는 경향이 나타나기도 한다. 탈북민 목회자 A는 이와 관련하여 다음과 같이 말한다.[90]

"남한교회의 권사님이나 중직자분들이 많이 교회를 찾아오셔서 탈북민을 섬기겠다고 하십니다. 그러나 대부분의 경우에 본인들의 교회에서 배웠던 것을 저희 교회에 적용하려고 합니다. 저희 성도들은 아직 신앙이 어리고 그 수준이 되지 못하는데, 그것을 받아들이지 못하고 사역을 하려고 하니 나중에는 제풀에 꺾여서 돌아가곤 합니다. 그래서 지금은 저 역시 남한 성도들이 오면 저분은 얼마나 계실까를 생각합니다. 그래서 처음 6개월 동안은 아무것도 하지 마시고 그냥 지켜보시라고 말합니다. 6개월이 고비입니다."

그러면 탈북민교회에서 남한 성도의 역할은 무엇일까? 그것은 바로 탈북성도가 교회를 책임질 수 있는 신앙인으로 자라도록 후견인 역할을 하는 것이다. A목회자는 이어 탈북민 성도가 자라나는 지표에 대해 이렇게 말한다.

"그것은 몇 가지 지표로 말할 수 있습니다. 첫째, 재정적 책임, 그중에 가장 큰 것은 십일조입니다. 두 번째는 탈북민 성도가 제자훈련을 받아 리더로 양성되어 또 다른 탈북민을 리더로 세울 수 있게 되는 것입니다. 세 번째는 전도자가 되는 것입니다. 탈북민이 탈북민을 전도하는 전도자입니다. 남한 성도들에게 바라는 것은 우리 사람들이 성장할 때까지 함께하고 그렇게 되면 그 이후에는 남북이 자연스럽게 함께하지 않겠나 생각됩니다."

이상과 같이 탈북민교회에서 남한 성도의 가장 중요한 역할은 준準 선교사로서 함께하는 데에 있다. 선교사처럼 현지인을 양육하고 세워야 하지만, 동시에 너무 주도적이지 않고 언젠가는 후견인으로 곁에 서 있는 역할을 요구받는 것이다.

(사례)
탈북민 목회자들의 신앙 여정
- 정종기 교수

탈북민교회를 담임하는 탈북민 목회자들은 모두 남다른 영적 체험을 한 분들입니다. 그들의 삶의 이야기 가운데서 드러난 신앙의 모습을 여기에 글로 짧게나마 남겨봅니다. 대다수 탈북민 목회자들은 중국에서 처음으로 기독교에 대해 듣습니다. 하지만 간혹 북한에서 생활할 때, 이미 누군가로부터 전도를 받은 분도 있습니다. 이들의 신앙 이야기는 각색하지 않아도 되는 한편의 드라마와 같아서 가능한 한 그들의 이야기를 제가 이해한 대로 옮겨봅니다. 그들의 이름은 직접 밝힐 수 없어서 익명으로 표시했습니다.

■ **나는 북한에서 복음을 들었습니다**

어느 한 탈북민 목회자가 거의 믿기 어려운 이야기를 들려주었습니다. 그는 김○○ 목사입니다. 김○○ 목사는 북에서 예수 믿는 분을 만났습니다. 그분과 13년간 교제하다가 탈북하여 중국에 가게 되고, 중국에서 3년

동안 성경통독반에서 성경을 배우고 신앙생활하다가 한국에 들어왔습니다. 그가 북에서 교제하던 분은 4대째 예수를 믿는 기독교 집안이었습니다. 그분의 고조 할아버님은 신의주에서 최초로 신학공부를 한 분이셨지요. 그분은 결국 김일성에 의해 아오지 탄광으로 추방당하고, 이후 온성에서 살게 되었답니다. 북한 보위부는 아오지 탄광으로 추방한 기독교인 중에서 지도자들을 따로 구분하여 감시하였다고 합니다. 혹시 그들이 기독교인들을 충동질하여 폭동을 일으킬 수 있다고 생각했던 것입니다. 결국 보위부는 감시하던 지도자들을 아오지에서 온성으로 또다시 추방했습니다. 온성으로 추방한 보위부는 아오지처럼 심하게 감시하지 않았다고 합니다. 아마 그냥 놓아두어도 살지 못할 환경이어서 그랬는지 모르겠습니다. 이런 기독교인들은 온성에서 자녀들에게 자신의 신앙을 약간 가르쳐 줄 수 있었고, 그중 신앙을 전수받은 한 사람이 김○○ 목사와 교제하였던 것입니다. 그리고 그는 그분을 통해 신앙인 아내를 소개받고 결혼하게 되었다고 합니다.

■ 나는 중국에서 한국 목사를 만나서 신앙생활을 시작했습니다

박○○ 목사에 대한 이야기입니다. 그는 나이가 좀 많았습니다. 그는 러시아에서 태어나 어릴 때 부모님을 따라 북한에 갔다고 합니다. 그는 북한에서 열심을 다하여 당에 충성을 한 덕분에 평양에서 살면서 정치대학을 나왔습니다. 남들이 보기에 잘 나가던 사람이었지요. 그러다가 한 사건이 있어서 어쩔 수 없이 탈북하게 되었고, 중국에서 한국 목사님을 만나 신앙생활을 하게 되었습니다. 그는 중국에서 한국 목사님에게 일대일 양육을

받으며 북한으로 들어가서 지하교회 사역을 하고자 하는 마음을 품었습니다. 그때 같이 신앙생활을 하던 분들 중에 박○○ 목사와 같은 생각을 하는 분들이 있었습니다. 그들이 먼저 북한에 들어갔지만 자신들의 형제 외에는 접근하기가 너무 어려웠다고 이야기를 듣습니다. 그들이 우여곡절 끝에 주의 은혜로 지하교회를 형성했지만 얼마 가지 못해 정체가 탄로 나서 바로 총살당했다고 합니다. 이런 소식에도 불구하고 그는 자신의 형제와 부모에게라도 전도해야겠다고 마음을 품습니다. 하지만 그는 중국에서 공안에게 잡혀 북송당하게 됩니다. 그는 보위부에 의해 정치범 수용소로 가야 했지만, 자기 형님의 공작으로 인해 기적적으로 풀려나게 됩니다. 그가 북송당해 보위부에서 취조를 받을 때 하나님께 서원하며 기도했다고 합니다. "하나님, 나를 살려주세요. 그러면 나는 복음을 전하는 자가 되겠습니다." 즉 목사가 되겠다고 서원한 것입니다. 하지만 다시 탈북한 이후에 세상 사는 재미가 더 좋아 여러 나라를 돌아다녔습니다. 그러다가 하나님으로부터 꾸짖음을 당하고 뒤늦게 신학을 공부한 후 지금의 교회를 개척했습니다.

■ 나는 예수님 때문에 탈북민 목사가 되었습니다

이 분은 오○○ 목사입니다. 그는 북한에서 어려운 가정 형편에 있었습니다. 계모와 함께 살았는데, 계모가 친엄마와 같지는 않았습니다. 사실 그는 누군가의 사랑을 받아본 일이 없기에 남을 사랑한다는 것 자체를 거의 생각해 볼 수조차 없었습니다. 자기 자신만 잘 살면 된다고 생각했지요. 탈북하여 남한에서 살아가던 어느 날, 그는 기도하다가 주님이 십자가를 지시고 어디를 향해 가고 계시는 모습을 보게 되었습니다. 그래서 예수님께 이렇게 물었습니다. "예수님 어디 가셔요?" 예수님은 "나는 네가 가지 않는 북한으로 간다"라고 하셨다고 합니다. 그래서 그는 신학교에 가기로 마음을 먹고, 북한에 복음을 전하는 날이 오기를 희망하고 기대하고 있습니다. 그는 '복음이 없어서 북한이 죽어간다'라고 생각하였고, 결국 어느 날 탈북민이 찾아와서 자연스럽게 함께 탈북민교회를 시작하게 되었다고 합니다.

■ 나는 중국에서 성경을 100번도 더 읽었습니다

강○○ 목사도 중국에서 신앙생활하다가 북한으로 들어가서 복음을 전하려고 생각했던 분이었습니다. 사실 이분은 북한에서 지하교회 성도로 일 년간 생활하기도 했습니다. 중국에서 이미 성경을 백독 이상 했기에 영적으로 자신 있던 분입니다. 그럼에도 북한에서의 신앙생활은 감당하기 어려웠다고 합니다. 그래서 한국행을 목표로 혼자서 중국으로 넘어갔다가 이웃 국가를 통해 결국 한국으로 오게 되었습니다. 한국에서 하나원 교육을 받은 후에 제과제빵 학원을 다녔고, 자금을 지원받아 빵 가게를 차렸습니다. 그런데 어느 날 가까이 지내는 목사님으로부터 "자매는 빵으로 만 명을 살리지만 하나님의 말씀은 십만 명, 아니 백만 명을 살릴 수 있다"라는 이야기를 듣고 신학을 공부하게 되고 결국 탈북민교회를 개척하게 되었습니다.

탈북민 목회자들은 이렇게 역경 가운데서 복음을 듣고 예수를 믿게 된 분들입니다. 특이하게도 북한에서 복음을 들은 분도 있지만, 대부분은 중국에서 선교사들로부터 복음을 접한 분들이었습니다. 선교사들의 역할이 어느 정도인지 대략 짐작할 수 있는 대목입니다. 탈북민으로서 한국에 와서 신학을 공부하고 목사가 되었다는 것은 대단한 일입니다. 그 뒤에는 하나님의 특별한 은혜와 역사가 있었기에 가능했습니다. 앞으로 이분들이 목회하는 탈북민교회의 현장에 하나님의 더 큰 역사가 일어나길 우리가 힘을 모아 함께 기도해야 할 것입니다.

2
탈북민 목회자가 주도하는 남북통합목회

한국전쟁 이후의 월남민이 남한으로 내려온 첫 번째 유형의 북한 주민이었다면, 이들 월남 첫 세대가 사라질 즈음인 90년대에 두 번째 유형의 북한주민인 탈북민이 남한으로 내려오기 시작했다. 이 두 번째 유형의 북한주민이 바로 탈북민이다. 90년대 중반 이후 북한을 떠나 중국에서 한국 선교사들을 만나 집중적으로 신앙교육을 받은 이들 중에 상당수가 한국에 들어왔고, 이 중에 신학교에서 공부하고 목회자가 된 이도 100여 명을 훌쩍 뛰어넘었다. 이 같은 공통의 배경을 지닌 탈북민 목회자와 신학생이 연합하여 2011년에 "북한기독교총연합회"(북기총)를 조직하여 현재까지 이르고 있다.

탈북민 목회자가 목회하는 교회의 현황은 어떠한가?

탈북민 목회자들이 기존 교회에서 사역하기보다 교회를 직접 개척하는 이유는 무엇일까? 첫째로 탈북민 목회자가 한국교회에서 목회를 훈련받을 기회가 많지 않고, 설혹 있다 하더라도 온전한 목회수업을 받기가 어렵기 때문이다. 실제로 탈북민 목회자는 남한 성도 중심의 교회에서 탈북민 부서나 선교부서 외에 목양이나 기타 부서들을 맡을 기회가 적다. 둘째로 탈북민 목회자들의 경우 대부분 교회 개척의 목표가 분명하기 때문이다. 이들이 개척하고자 하는 교회는 1) 북한 복음화, 2) 통일 이후 북한에 세울 교회, 3) 남과 북이 함께하는 교회에 대한 목표를 두고 있다. 이런 분명한 목표를 실현하기 위한 가장 좋은 방편은 기존 한국교회에 들어가서 사역하기보다는 새로운 교회를 개척하는 것이라고 판단해서다.

탈북민 목회자가 남한에서 개척하는 교회는 엄밀히 말해서 탈북민만의 교회가 아니다. 탈북민만 100% 출석하는 교회는 거의 없다. 교회마다 비율의 차이가 있긴 하지만 대다수 탈북민교회에는 남한 성도도 함께 출석하고 있다. 남한 성도의 비율은 적게는 10%에서 많게는 50%를 넘기도 한다. 대체로 탈북민교회에 출석하는 남한 성도의 비율은 탈북민교회 성도의 평균 30-40%정도로 추산된다. 그러므로 탈북민교회라고 지칭할 때에는 탈북민만 다니는 교회라기보다 탈북민 중심으로 사역하는 교회로 인식하는 것이 바람직하다.

탈북민 목회자가 개척한 교회들은 크게 두 가지 유형으로 나뉜다. 하나는 탈북민 중심의 교회고, 다른 하나는 남북한이 복음으로 하나 되는 것에 더 관심이 많은 교회다. 이 두 부류의 교회 중에 목회자의 우선순위가 어디에 있느냐에 따라 탈북민 목회자가 남한 성도를 대하는 태도가 차이를 보이게 된다. 탈북민교회를 목회하는 탈북민 목회자의 이야기를 들어보자.

"우리는 탈북민을 위주로 하는 교회입니다. 남한 성도들이 오시면 교회 재정에 도움이 됩니다. 아무래도 탈북민들이 십일조라든지 재정적인 기여가 약하거든요. 그래서 남북이 50대 50비율로 가면 안정적일 수는 있겠지만 그렇게 되면 탈북민들이 자연스럽게 소외감을 가지게 되고 교회가 남한 중심이 되어버립니다. 그런 교회들이 한국에 거의 대부분입니다. 그렇게 된다면 제가 교회를 개척할 이유가 없었을 것입니다. 이 시대에 탈북민들이 북한선교를 위해서 잘 준비되어지는 것이 중요하기에 저는 교회를 개척했습니다. 그리고 이 일에 남한 성도들이 함께 동역할 때 남한 성도들을 받아들일 수 있습니다."

이에 따르면, 탈북민 중심의 교회에서 남한 성도는 탈북민이 중심이 되어 북한선교를 감당할 수 있도록 돕는 보조 역할에 집중해야 한다. 남한 성도들이 돕는 역할에 만족하지 않고 그 교회의 중심이 된다면, 그 교회는 더 이상 탈북민교회라고 불릴 수 없다.

한편, 탈북민교회라고 해서 모든 교회가 다 탈북민 중심성을 갖지는 않는다. 한 탈북민 목회자는 남북의 통합을 지향하는 목회를 목표로 한다. 이런 경우에 남한 성도가 그 교회 공동체에서 갖는 의미는 앞선 경우와 다르다. 이때 남한 성도들은 교회 공동체를 세우는 역할을 하게 되며, 탈북민 목회자도 남한 성도와 북한 성도를 동등하게 대우하며 목회한다. 그러나 탈북민 목회자가 남북통합목회를 지향하더라도 여전히 탈북민을 중심으로 하는 목회를 하게 될 것이다.

그렇다면 탈북민교회 중 어떤 교회가 탈북민 중심성을 갖고, 또 어떤 교회가 남북통합목회를 지향하는 것일까? 이를 이해하려면 탈북민 교회의 네 가지 요소를 고려하면 된다.

(1) 개척연수

개척된 지 얼마 안 된 탈북민 교회는 탈북민 중심의 교회일 가능성이 크다. 대부분의 탈북민 목회자가 개척할 때 성도의 비율은 북한 성도가 90% 이상이다. 그리고 시간이 지나면서 남한 성도의 비율이 점점 늘어나기 마련이다. 따라서 교회를 시작한 지 얼마 되지 않은 경우에 목회자는 아무래도 탈북민 중심으로 목회를 하게 된다. 반면에 개척연수가 오래될수록 탈북민 교회가 지역에 자리를 잡고 뿌리를 내리면서 자연스럽게 그 지역의 남한 성도의 참여가 늘어난다. 따라서 교회가 얼마나 되었는지가 그곳이 탈북민 중심의 교회를 지향하는지 남북통합목회를 지향하는지를 구분하는 하나의 기준이 될 수 있다. 매년 새로운 탈북민교회가 개척되고 있는 상황이다. 탈북민 중심의 교회가 적지 않다는 사실과 함께 시간이 지날수록 남북통합목회로 전환하는 교회가 많아질 것이라는 점도 예상할 수 있다.

(2) 성도의 연령대

탈북민교회의 연령대도 탈북민 중심의 교회와 남북통합을 지향하는 교회를 구별하는 중요한 지표다. 남북통합목회가 어떤 특정 연령대에서 더 잘 되는지에 대한 문제가 아니다. 하지만 탈북민교회 전반을 살펴볼 때 교회마다 두 가지 연령대의 성도가 눈에 띈다. 하나는 청년 그룹이다. 젊은 탈북민이 많은 교회일수록 남북통합목회가 좀 더 쉽게 진행되는 경향이 있다. 반면에 연령대가 높은 탈북민이 더 많을수록 남북통합목회보다는 탈북민 중심의 문화에 맞춰 교회를 세워가는 경향이 보인다. 한 탈북민 목회자는 다음과 같이 말한다.

"저희 교회는 대부분 탈북민 할아버지 할머니들이 많이 계십니다. 이분들을 위해서 탈북민 문화센터를 운영하고 있습니다. 그러다 보니 이런 분들이 더 많이 오십니다. 남한분들이 개척 초기부터 계시긴 했는데 잘 적응하지 못하는 것 같습니다."[91]

이것은 누구나 나이가 들수록 자문화중심적 경향이 강해지기 쉽고, 젊을수록 다른 문화에 열린 태도를 지니기 쉽기 때문인 것으로 보인다. 다른 탈북민 목회자의 말을 들어보자.

"저희 교회는 젊은 탈북민이 많습니다. 아무래도 젊은 층이 많다 보니 북한 문화보다는 남한 문화에 많이 열려있고, 실제로 북한 사람들이 모여있는 곳에는 잘 가지 않으려는 마음도 있습니다. 남북이 함께 어울리는 것에 대해서 전혀 어색해하지 않고, 저 역시 이제는 그것이 편합니다."

특이한 교회의 사례들도 특히 눈에 띄는데, 그중 한 탈북민 목사가 개척한 교회 하나가 주목할 만하다. 이 교회는 남한 장년 성도들이 있는데, 이들은 교회에서 매우 헌신적이다. 그리고 이들의 헌신적 노력으로 이 교회는 탈북민 성도뿐만 아니라 남한 지역교회 성도들도 꾸준히 유입되고 있다. 결국 남북통합목회의 한 요소로서 헌신적인 남한 성도들의 존재가 건강한 토대로 작용한 경우라고 할 수 있다.

(3) 목회자의 목회철학

모든 목회자들은 자신들의 목회철학 내지는 우선순위를 가진다. 탈북민 목회자들의 목회철학은 저마다 다양하겠지만, 한 가지 공통점이 있는데, 그것은 바로 민족복음화에 대한 열망일 것이다. 그러나 민족복음화를 이뤄가는 방식은 다양하다. 우선 남한에 내려온 탈북민을 중심으로 교회를 세우고 그들과 함께 일정 시간 동안 준비하면서 언젠가 북으로 올라가 복음을 전하는 교회를 세우려고 하는 방식이 있다. 한편은 그리스도의 복음 가운데 먼저 여기 남한 땅에서 남과 북의 통일을 이루는 것을 더 중요하고 우선적인 가치로 추구하는 방식이다. 이는 각 목회자의 성장 배경과 신앙, 목회 가치, 교회 구성원의 형태, 교회의 지역적 위치 등에 따라서 달라지기 마련이다. 남북통합목회를 지향하게 된 한 탈북민 목회자는 다음과 같이 말한다.[92]

"우리 교회는 4년 전부터 남과 북이 함께하는 교회로 거듭나야겠다고 생각을 했습니다. 원래 전에는 탈북민 성도가 90%을 차지하였는데, 이제는 거의 50대 50으로 남북 성도의 비율이 거의 같습니다. 이를 위해 제가 우선적으로 바뀌었습니다. 설교에서도 북한 얘기를 가급적 줄이고, 심방과 양육에서도 남한 성도들에게 제 목회에너지의 70%를 쏟았습니다. 그리고 저희가 속한 지역을 섬기기 위해서 매 절기마다 주민센터에 물품을 나누고, 지역 전도를 일주일에 두 번씩 나갔습니다. 그랬더니 교회가 점차 남한 성도들이 더 많아지고 남북의 구분이 없어지기 시작했습니다."

이것은 탈북민 목회자의 목회 가치가 변할 때 교회가 변한다는 것을 보여주는 사례다. 또한 탈북민 중심의 교회에서 남북통합목회로의 전환이 가능하다는 사실을 보여준다. 여기서 핵심은 목회자가 어떤 가치를 붙드는가에 달려있다.

탈북민 가운데 복음을 듣고 신학을 공부하는 이들이 계속 늘어나고 있다. 교단 전체로 볼 때, 정규 목회자 과정을 마친 목사는 약 30명이고 신학생을 합쳐서 약 200여 명으로 파악된다.[93] 또한 현재 탈북민 목회자가 개척한 교회는 전국에 43개다.

번호	교회명	지역	개척연도	소속교단
1	그날교회	서울시 도봉구	2015	합동
2	기쁨나눔교회	서울시 양천구	2010	순복음
3	길동무교회	서울시 강남구	2012	통합
4	나뭇가지교회	서울시 동작구	2018	합동
5	노원한나라은혜교회	서울시 노원구	2016	통합
6	대성교회	서울시 송파구	2013	통합
7	복음문화교회	서울시 강서구	2015	통합
8	본향교회	서울시 금천구	2011	합신
9	북부중앙교회	서울시 도봉구	2017	합동개혁
10	새생명교회	경남 창원	2013	통합
11	새터교회	서울시 양천구	2004	감리교
12	새희망나루교회	서울시 양천구	2011	통합

13	생명나무교회	고양시	2016	
14	생명창대교회	서울시 서대문구	2018	
15	아름다운꿈의교회	서울시 송파구	2015	통합
16	열방샘교회	서울시 구로구	2004	합동
17	예수새민교회	서울시 노원구	2018	감리교
18	옥토밭교회	인천시	2019	합동
19	은혜세대교회	서울시 양천구	2017	
20	인천한나라은혜교회	인천시	2015	합동
21	주는평화교회	김포시	2018	감리교
22	주소망교회	제주	2021	
23	주소망교회	서울시 용산구	2020	
24	창조교회	부천시	2006	통합
25	평양산정현교회	서울시 강서구	2013	
26	하나목양교회	서울시 양천구	2012	통합
27	하나비전교회	평택시	2009	독립교단
28	하나은혜교회	의정부시	2016	통합
29	한민족사랑교회	인천시	2009	합동
30	한백선교회	제주	2012	통합
31	향연교회	서울시 영등포구	2018	감리교
32	꿈의교회	의정부	2009	순복음

[표3] 탈북민교회 현황

(4) 탈북민 목회자의 목회현황과 가정생활

　　탈북민 목회자들의 포럼에서 탈북민 목회자 대부분은 매우 힘들게 목회하고 있다고 응답했다. 그들에게는 한국교회에서 사역 경험이 많이 주어지지 않아서 기존의 한국교회가 가지고 있는 좋은 전통과 믿음의 유산을 충분히 접할 기회가 적었다. 따라서 목회적으로 좋은 모델을 제시하기 어렵고, 대부분의 출석 성도가 탈북민일 경우에는 교회 재정적 어려움도 크다고 하였다. 또한 비슷한 수준의 사람이 주로 모여있어서 신앙교육이 어려운 경우도 많다고 하였다.[94]

탈북민 목회자들은 다양한 형태의 목회를 복합적으로 하고 있다. 대부분의 탈북민 목회자는 탈북민의 내면 상황과 외적 어려움을 잘 알기에 결코 서두르지 않는다. 이런 면에서 탈북민교회의 목회는 '콩나물시루 목회'라고 할 수 있다. 콩나물시루에 물 주듯 오랜 세월을 두고 양육해 가는 목회사역이다. 여기서 중요한 것은 탈북민을 인격적으로 가족처럼 대하고 깊은 사랑으로 품는 것이다. 이를 위하여 A목회자는 탈북민 학생의 공부를 도와주며 교회에서 기숙사를 운영한다. 그리고 이들을 중심으로 예배를 드린다. C목회자는 성도와의 문화적 접촉을 중요하게 생각하고 목회를 한다. 그의 목회는 '차를 함께 마시는 목회'다. D목회자는 탈북민에게 처음부터 먼저 성경을 가르치지 않는다고 한다. 탈북민이 서로를 알기 전에는 결코 복음을 받아들이지 않고 다른 욕구를 챙긴다고 보기 때문이다. 따라서 그는 먼저 상대방과의 신뢰를 쌓으며 관계를 형성한 뒤에 복음을 전한다. 이러한 관계 목회가 잘 정착되면, 탈북민 간에 문제가 생겨도 쉽게 교회를 떠나지 않는다고 한다. E목회자는 탈북민교회는 사랑만 가지고는 안된다고 하면서 분명한 목회방향이 있어야 한다고 말한다. 그의 목회방향은 자신의 고향인 북한을 위해 살도록 만드는 데에 있다. 북한은 복음이 없어서 죽어가고 있기 때문에 북한에 복음을 전하는 그날을 기다리며 그 일을 하기 위해 지금부터 준비해야 한다고 그는 말한다. 그는 처음부터 탈북민교회를 개척하려 한 것이 아니었다. 그냥 교회를 개척했는데, 탈북민이 많이 와서 탈북민교회가 되었다고 한다. 그래서 이제는 탈북민인 자신이 탈북민 목회를 당연히 해야 된다고 생각하게 되었다는 것이 그의 고백이다. 이를 위해 그는 탈북민과 일대일 양육을 하며, 하루에 4시간씩 일주일에 두 번, 주로 대화하고 점심 먹은 뒤에 성경을 한 시간 정도 가르친다. 일반적으로 탈북민은 교회에서 양육받는 것을 힘들어하는 경향이 있기 때문에 가정으로 가서 양육을 진행한다.

한국교회와 남한 성도들이 탈북민교회를 위해서는 후원하더라도 탈북민 목회자의 가정을 위해서 후원하는 경우는 드물다. 이에 따라 탈북민교회는 어떻게든 운영이 되지만, 정작 목회자의 가정은 재정적 어려움에 처한 경우가 적지 않다. 담임목회자가 남성일 경우 가정의 생활비를 책임지지 못하는 경우가 많아서 사모가 생계를 책임지기 십상이다. 그러다 보면 교회에서 여성 성도들을 돌보는 사역이 힘들어진다. 여성 성도는 아무래도 여성인 사모가 함께 돌보아야 하는데, 정작 사모는 생활비를 책임지고 있기 때문이다. 또한 한 여성 탈북민 목회자의 경우는 남편을 통해 생활이 유지되기에 교회가 목회자의 생계를 책임지지 않아도 된다고 생각하는 경향이 있어 당황스럽고 어렵다고 고백하였다.

A목회자의 가정은 기초생활수급비로 살아간다. 국가로부터 다자녀 혜택을 받고 있으며, 학교는 장학금으로 학비를 충당한다. B목회자는 정부 나오는 보조금으로 생활비를 충당한다. C목회자는 성도들이 다 어려워서 지원받아야 산다. 교회운영비가 모자라서 카드로 돌려 막는다. 가정에 쓸 돈이 없어서 아내가 4명의 자녀를 키우며 청소 일을 한다. 그러나 정

작 본인은 탈북민 사역에 전력을 다하다 보니 다른 일을 하기가 어려웠다며, 가족의 생활을 책임지지 못하는 것에 대한 미안함을 표현했다. E목회자는 교회로부터 매월 50만 원의 사례비를 받는다. 교회의 운영위원회나 재정부는 목회자들의 형편을 잘 모르며 별로 배려하지 않는다고 토로했다. 교회 재정이 없어서 목회자가 사례를 안 받고 그다음 달에도 이에 대한 교회의 무관심을 경험하는 경우도 있다. 이런 가운데 F목회자는 교회를 개척할 때 사례비를 140만 원으로 책정하였고, 교회가 잘 성장하여 지금은 사례비가 올랐다고 한다. 그러나 H목회자는 생활비를 교회 사례비로든 외부 후원으로든 전혀 받지 못해서 오롯이 사모가 일해서 버는 돈으로 생활한다고 응답하였다.

탈북민 목회자의 장단점이 무엇인가?

탈북민 목회자가 탈북민을 대상으로 하는 목회의 장단점은 분명하다. 남한 목회자와 달리 탈북민 목회자이기에 가지는 장점과 단점이 있다. 한국교회에서 탈북민 목회는 일반적으로 특수 목회에 속한다. 탈북민 목회나 사역이 통일선교 사역의 범주에 속하지만, 그렇다고 통일선교 사역을 하는 교회나 성도들이 탈북민 사역을 쉽게 감당할 수는 없다. 따라서 특수 사역의 특성을 가진다. 여기서는 탈북민을 목회하는 몇몇 탈북민 출신 목회자들과의 인터뷰와 탈북민 출신인 필자의 경험을 바탕으로 탈북민 목회자의 장단점에 대하여 살펴보고자 한다.

장점

동질성과 공감대 – 탈북민 목회자가 목회하는 탈북민교회의 가장 큰 장점 중의 하나는 동질성이다. 탈북민은 남한에 입국하면 조사와 교육을 거쳐 대한민국 국적을 부여받고 사회로 나오게 된다. 남한 사회에 첫발을 내딛은 탈북민 대부분은 새로운 곳에서 빨리 적응해야 한다는 생각에 별로 도움이 될 것 같지 않은 다른 탈북민보다는 가능한 한 남한 사람들과 가까이 지내기를 원한다. 하지만 시간이 지날수록 남한 사람과 북한 사람이 물과 기름처럼 어울려 살아가기가 쉽지 않다는 사실을 깨닫게 된다. 억양도 다른 데다가 생각이나 행동양식도 다르다 보니 서로의 생각이 잘 통하지 않게 되고, 그러다 보면 서로 점점 어색해지고 멀어지게 된다. 또한 많은 사람 속에서 외톨이가 되는 느낌을 받는 탈북민도 등장하기 시작한다. 그런 과정에서 사람이 그리워 그동안 멀리했던 하나원 동료를 다시 찾게 되고, 탈북민교회와 같이 여러 탈북민이 모이는 자리를 찾아가기도 한다. 이들은 탈북민 목회자나 다른 탈북민이 모여있는 곳에 오면 같은 탈북민이라는 사실 때문에 왠지 고향에 온 것 같고 오래전부터 알던 사람들을 만나는 것처럼 마음이 편하다고 말한다. 같은 탈북민이라는 사실 자체만으로 동질감과 편안함을 느끼는 것이다. 그런 면에서 탈북민 목회자는 새로 만나는 탈북민 교인과의 심리적 거리감이 적다.

탈북민 목회자의 다른 장점은 탈북민과 빠른 공감대를 형성할 수 있다는 점이다. 탈북민 목회자는 탈북민 성도와 마찬가지로 북한을 경험했고 탈북이라는 어려움을 몸소 겪었을 뿐만 아니라 새롭게 남한 사회에 정착해야 하는 과제를 동일하게 안고 있기에 누구보다도 탈북민의 심정을 잘 안다. 탈북민 목회자는 탈북민이 새로 교회에 오더라도 몇 마디의 말만으로도 공감대를 쉽게 형성하고 빨리 가까워질 수 있다. 고향과 탈북 연도, 입국 연도, 하나원 기수를 주고받는 것만으로도 어느 정도는 마음이 열린다.

"남과 북이 오랜 분단으로 인해 흔히 하는 농담도 많이 차이가 나는데, 그것 때문에 간혹 오해가 생길 때도 있습니다. 그런데 같은 탈북민끼리는 북한 농담을 그대로 해도 쉽게 알아듣고 편하게 받아들이기 때문에 거리감도 없고 친근하게 느껴집니다."

이러한 동질성 덕분에 탈북민 목회자는 탈북민의 문화적 코드와 성향을 쉽게 알 수 있다. 그리고 탈북민 목회자들은 탈북민 교인들이 많은 설명을 하지 않아도 그들이 어떤 생각을 하고 있고 무엇을 원하는지 금방 알 수가 있다. 이에 비해 남한 목회자들은 탈북민이 경험했던 어려움과 아픔을 직접 겪어보지 못했기 때문에, 그들의 마음을 헤아리는 것이 아무래도 약하다. 또한 남한 목회자는 북한 체제를 경험하지 못한 까닭에 북한 사회가 만든 탈북민의 성향을 이해하는 것에 한계가 있으며, 탈북민의 언어나 행동 코드를 이해하기 힘들어하고 때로 오해하는 경우도 생긴다. 잘못된 이해는 잘못된 판단을 낳는 법이다. 그런 이유로 남한 목회자들이 탈북민을 대할 때 지나치게 조심스러워하는 경향이 나타나기도 하는데, 이는 서로 더 가까워지기 어렵게 만드는 요인이 된다.

사명 의식 – 탈북민 목회자 중 적지 않은 사람들이 남한에 오기 전 중국에서 머무르면서 선교사나 중국교회를 통해 하나님을 만나고 신앙훈련을 받았다. 탈북민이 중국에서 체류하는 시간은 불안과 두려움의 연속이다. 그런데 광야와 같았던 중국에서의 상황이 그들로 하여금 더 갈급하게 하나님을 찾게 하였고, 이는 북한 회복을 위한 사명 의식과 연결되어 발전하기도 한다. 이런 이들 중에 남한에 왔을 때 당연히 사명자의 길을 가야만 한다고 생각해서 신학교에 들어가는 경우가 많았다. 탈북민으로서 자신이 감당해야 할 가장 중요한 사역이 북한의 회복과 복음 통일이라는 사실과 그 일환으로서 탈북민 사역의 중요성을 인식하게 되었던 것이다. 그래서 탈북민 목회자들은 교회를 개척하거나 탈북민 사역을 하면서 탈북민을 훈련하고 준비시켜야 하는 분명한 이유를 가지게 된다. 이와 같이 탈북민 목회자들이 '숙명'처럼 받아들인 사명감은 지금까지 탈북민교회가 계속 늘어나게 된 주요 이유 가운데 하나다.

강인함과 순진한 성품 – 대부분의 탈북민 목회자는 여느 탈북민과 마찬가지로 북한과 중국에서 여러 어려움을 경험했다. 탈북해서 남한으로 오는 과정은 생명을 걸어야 하는 결단과 강인함을 요구한다. 그렇다고 남한이라는 새로운 환경에서 모두가 잘 적응하지는 못한다. 어떤 극한의 상황을 과거에 극복했다고 반드시 새로운 환경에 잘 적응하는 것은 아니다. 중요한 것은 단순히 육체적이거나 정신적인 의지보다 새로운 환경에 맞는 의식적인 변화다. 오랫동안 북한이라는 이질적인 시스템에 적응되고 굳어져 온 탈북민의 의식을 바꾸는 것은 쉽지 않은데, 이것을 바꿀 수 있는 새로운 가치관이 바로 기독교 신앙이다. 탈북민 목회자는 육체적이고 정신적인 강인함을 가진 데다가 그리스도인으로서의 새로운 가치관을 가지게 되었기 때문에 웬만한 시련 앞에 쉽게 무너지지 않으며 훨씬 강인한 성품을 가질 때가 많다.

탈북민 목회자가 한국교회의 기존 시스템에 익숙하지 않은 것도 때로는 장점이 된다. 한국교회의 시스템에 익숙한 남한 목회자가 탈북민 목회를 할 경우 남한 성도에게 하던 방식대로 결과를 빨리 얻으려는 조급함이 생긴다. 그래서 탈북민이 교회에 오면 새가족으로 등록하고 새신자 교육을 받게 하고 여러 가지 교육과 훈련과정에 밀어 넣어 목회자들이 바라는 모습으로 가급적 빨리 변화시키려고 한다. 하지만 탈북민을 준비시키는 데에는 훨씬 많은 시간과 과정들이 필요하다. 탈북민 목회는 인내의 연속이라고 할 수 있다.

단점

변화에 대한 두려움과 거친 성향 - 일반적으로 탈북민은 변화되기 쉽지 않다. 탈북민교회에서의 목회가 어려운 이유 중 하나다. 북한에서 오랫동안 굳어져 온 생각과 가치관, 관점이 완전히 바뀌는 것은 쉬운 일이 아니다. 복음은 그러한 변화를 가능하게 하는 동력이지만, 정작 복음을 받아들이기까지가 어려울 때가 많다. 대부분의 탈북민이 북한에서 일방적 세뇌교육을 당하다 보니, 특정한 생각의 패턴이나 기준이 삶의 특정 행동양식으로 거의 체질화되었기 때문이다. 물론 외부 요인에 의해 북한 체제의 불합리성을 알게 되고, 남한 입국 후에는 전혀 새로운 세상을 접하게 되었지만 기존의 가치관과 생각의 틀이 쉽게 바뀌지 않는 것이다. 또한 많은 탈북민에게는 오랫동안 북한 체제에 일방적으로 속고 당한 것에 대한 원한이 있기 때문에 자유로운 남한 사회에까지 와서 어떤 틀에 매이는 것을 심정적으로 거부하는 경향이 강하다. 따라서 비록 어떤 연유로 교회에 나오기는 하지만, 가능한 교회에 깊이 발을 담그지 않으려고 하고 여차하면 떠날 생각을 하며 출석한다. 이 같은 이유로 적지 않은 탈북민이 교회에는 출석해도 믿음이 자라지 않고 삶의 변화도 잘 나타나지 않는 것이다.

탈북민의 믿음이 잘 자라지 않고 삶의 변화가 일어나지 않는다는 사실은 탈북민교회의 신앙 성숙도가 낮을 수밖에 없다는 것을 의미한다. 이는 남한 목회자든 탈북민 목회자든 상관없이 대부분의 탈북민교회가 공통적으로 가지는 어려움이다. 앞서 언급한 대로 중국이나 제3국에서 기독교 신앙을 가진 사람들도 있지만, 대부분의 경우 신앙의 연륜이 짧고 제대로 된 교육과 훈련을 받지 못했다. 그래서 탈북민교회에는 신앙의 본을 보여주고 교회를 헌신적으로 섬길 수 있는 리더도 부족하다. 신앙의 경험이 있어도 누군가를 섬기는 위치에 있던 경험이 적어 교회를 어떻게 섬겨야 하는지 잘 모른다. 교회에 신앙적인 본을 보일 수 있는 사람들이 적기 때문에 탈북민교회는 일반교회처럼 성숙해 가는 데에 있어서 더 많은 시간을 필요로 한다.

때로 두려움이 거친 성향으로 나타난다. 탈북민은 북한에서 살 때 그 체제로부터 속박받은 것은 물론 계속해서 미움과 증오를 강요받았다. 그래서 탈북민과 북한 주민의 마음에는 '적대계급'과는 절대로 타협해서는 안 되고 그들과는 반드시 싸워서 이겨야 한다는 의무감이 있다. 그런 사회적 분위기가 북한 사람들의 성향을 거칠게 만든다. 또한 모든 것이 열악한 북한에서 살아남기 위해 북한 주민들은 피 나는 노력을 해야 했고, 탈북하여 남한으로 오기까지 목숨을 걸어야 했다. 이런 상황 속에서 그들의 마음에 남아있는 상처들이 치유되기 위해서는 상당히 많은 시간이 필요하다. 탈북민의 거친 성향은 탈북민 목회자들에게도 영향을 미친다. 탈북민은 탈북민 목회자의 영적 권위를 잘 인정하지 않는 경향이 있다. 특히 교회 성도가 탈북민 출신으로만 되어있는 경우에 더욱 그러하다. 교회에서의 신앙적 질서에 대한 이해가 적기 때문이다. 그들이 생각할 때 목회자도 자신과 똑같은 탈북민이기 때문에 특별히 목회자를 존중하거나 그의 말을 따를 이유가 없다고 여긴다. 간혹 탈북민 중에는 탈북민 목회자가 자신들을 이용한다고 생각하는 경우도 있다. 심지어 교회에서조차 목회자에 대한 호칭을 사용하지 않고 무례하게 대하기도 한다. 어느 탈북민 중에는 자기들을 팔아서 후원을 받고 교회를 유지한다고 생각한다. 그리고 자기들이 좋을 때에는 잘 대하다가 그렇지 않을 때에는 너나 나나 같은 탈북민인데 하며 함부로 대하거나 무시한다고 하였다.

이렇게 탈북민이 탈북민 목회자의 영적 권위를 인정하지 않는 배경에는 목회자와 성도와의 의식적 괴리가 있다. 이 부분은 동질성에서 생기는 장점과는 오히려 반대로 작용한다. 탈북민 목회자들은 대부분 오랜 시간 동안 선교사와 함께 지내고 신앙훈련을 받으며 생각의 변화를 일찍 경험한다. 그리고 한국에 와서도 대학과 대학원에서 신학을 공부하고 한국교회 현장에서 사역하는 과정에서 남한 문화와 더 깊게 접촉하며 지식적이고 인격적인 변화를 겪는다. 이 때문에 한 탈북민 목회자는 "남한의 문화를 많이 접해 보았고 많이 익숙해졌다. 이로부터 오는 이해력은 그렇지 못한 탈북민들보다는 분명히 크다"라고 말한다.[95] 반면에 탈북민의 경우, 북한과 중국에서의 아프고 힘든 경험으로 성향이 다소 거칠어진 데다가 정착 기간이 얼마 되지 않은 경우라면 남한 문화를 모르고 신앙도 없어 성경적 가치관이 결여된 경우가 많다. 이에 따라 목회자와 성도들 사이에서 의식의 괴리가 나타나는 것이다.

지식, 의식, 문화, 동질성의 한계 – 탈북민 목회자들은 일반 탈북민에 비해 학력이나 지적 수준 혹은 성경 이해가 평균적으로 높지만, 성도들에게 비전을 제시하고 도전을 주며 변화를 이끌어 내야 하는 영적 리더의 역할에서는 부족한 경우가 있다. 그런 한계가 탈북민교회에 남한 성도들이 함께하는 것에 장애로 나타날 때도 있다. 남한 교인들 중에는 탈북민과 대화할 때 무조건 가르치려고 하는 경우도 많다. 그런 이유로 남한 성도들이 탈북민 목회자의 리더십 아래로 들어오는 것을 부담스럽게 생각하고, 결과적으로 남과 북이 함께하는 교회로 세워져 가는 것이 현실적으로 어려울 때가 있다. 이런 한계를 극복하기 위해서는 탈북민 목회자들도 계속해서 지식적 훈련과 목회적 경험의 영역을 넓혀가야 한다.

그리고 의식적, 문화적 한계도 있다. 남성 탈북민 목회자들의 경우 북한에서 굳어져 온 가부장적 관점을 쉽게 바꾸지 못하는 경우도 있다. 여성 목회자 중에서도 가부장적 방식에 익숙한 경우가 있다.

> "탈북민 목회자들 중에는 외부세계와 거의 소통하지 못하며 사역하는 경우가 있습니다. 때문에 목회자 자신이 '한국화'되지 못하고 있지요. 그러다 보니

북한 사회에서 굳어져 온 가부장적 생각들을 버리지 못하고 그로 인해 남한의 일부 개방적으로 보이는 행동방식들에 대한 거부감을 가지고 있어 어려워합니다."

그러므로 건강한 목회를 위해 북한의 사고방식에서 벗어날 수 있어야 한다. 목회는 성경만 안다고 할 수 있는 것이 아니라, 남한 사회와 문화를 이해하고 시대적 흐름을 읽을 수 있어야 한다. 탈북민 목회자의 경우 신앙의 본질이 아닌 것에 대해 지나치게 민감하거나 부정적일 필요가 없다. 때로는 자신과 생각이 다르더라도 이해하고 수용할 수 있어야 한다.

탈북민 목회자는 탈북민의 마음을 잘 안다는 장점이 있지만, 그것이 목회적 측면에서는 단점으로 작용할 때도 있다. 만일 탈북민이 어떤 목적을 위해 거짓말을 하거나 부풀릴 때 남한 목회자들은 이를 잘 분간할 수 없어서 그대로 받아들이는 경우가 있다. 하지만 탈북민 목회자들은 같은 경험을 했던 사람으로서 분별이 더 쉽기 때문에 이러한 경우 적당히 넘어가지 않고 냉정하게 대한다. 그러다 보니 탈북민의 입장에서는 남한 목회자는 따뜻하고 너그럽게 생각되는 반면, 탈북민 목회자는 더 야박하다고 느끼는 경우가 있다.

재정의 어려움과 가정의 위기 – 대부분의 탈북민교회는 미자립 교회이기 때문에 늘 재정적 어려움을 겪는다. 재정 위기는 탈북민교회의 건강한 성장을 저해한다. 교회가 복음의 본질을 추구하기보다 우회적이고 비본질적인 것을 추구하게 만드는 걸림돌이 되기 때문이다. 탈북민 목회자도 여타 탈북민과 같이 남한 사회에 정착하는 데에 시간과 여유가 필요하다. 교회를 제대로 섬기기 위해서 무엇보다 가정적 안정이 이뤄져야 한다. 하지만 소명 때문에 남한에 입국하자마자 신학교를 다니고 교회를 개척하여 섬기다 보니, 탈북민 목회자 자신도 안정적으로 정착할 여유가 없는 경우가 많다. 수시로 제기되는 교회의 크고 작은 문제를 해결하고 교회를 유지하는 데에 집중하다 보면 가정을 제대로 돌보기 힘든 것이다. 그래서 때로 탈북민 목회자 가정에서 여러 가지 문제가 발생하기도 한다. 탈북민 목회자도 목회자 가정이 건강하게 세워지는 것이 무엇보다 중요하다는 사실을 빨리 깨달을 필요가 있다. 하지만 교회에 치중하다 보니 어떻게 건강한 가정을 세워가야 하는지를 배워갈 여유가 별로 없다. 목회자 가정의 안정은 재정적 안정과도 연결되어 있다. 그런데 앞서 언급한 대로 대다수 탈북민교회의 재정이 어렵기에 목회자 가정 역시 대체로 여유가 없다. 한 탈북민 목회자의 이야기를 들어보자.

> "탈북민 목회를 하다 보면 목회자들이 가정을 제대로 돌보지 못합니다. 외부적인 관심과 후원도 교회에 초점이 맞춰져 있기 때문에 탈북민 목회자들 가정들이 어렵게 살아가는 경우가 많습니다. 그나마 교회는 후원으로 어느 정도 유지되는데 목회자 가정은 더 어렵습니다."

탈북민 목회자들은 어떤 생각을 가지고 있는가?

탈북민교회 목회자들과 인터뷰하는 동안 그들이 자주 사용하는 표현들이 있었다.

편견과 차별에 대한 불평 – 탈북민교회 성도들은 남한 사회에서 탈북민의 위치를 '2등국민', '주변인', '이방인'이라는 말로 표현한다. 남한 사회는 집단을 구성할 경우 개인보다 훨씬 더 심한 이기주의를 보인다.[96] 이런 이기주의는 탈북민과 문화적 갈등을 일으키고 차별적 결과를 가져온다. 여러 탈북민 목회자들도 동일한 생각을 가지고 있다.

"저는 그렇게 생각해 보지 않았는데 한국사회 집단이 우리를 2등국민 취급합니다. 이 집단도 사회도 이렇게 인식하고 있는 것 같습니다."

"한국사회는 우리를 이방인으로 여깁니다."

"탈북민들은 국적을 취득할지라도 이 사회의 주류가 될 수 없다고 깨달은 후에 한국 국민으로서의 기대감은 내려놓고 정체성의 모순을 겪으면서 2등국민으로 살아가게 됩니다."

남한 사회에서 편견과 차별을 받는 탈북민은 탈북민교회에 참석하는 것만으로도 위로를 받는다. 밖에서 남에게 말하지 못하는 사연을 교회 안에서 풀어놓을 수 있기 때문이다. 탈북민이 남한 사회에 팽배해 있는 개인주의를 홀로 이길 수는 없다. 남한 사람들의 개인주의 성향은 탈북민을 이방인, 즉 주변인으로 보는 인식을 강화시킨다. 그래서 남한 사회에서 열등의식을 가지고 살아가는 탈북민이 많다. 남한 사람과 경쟁상대가 되지 않는다고 느끼기 때문이다. 젊은 탈북민들은 남한화되는 것이 수월하지만, 자신이 북한에서 왔다는 것이 드러나면 심한 열등감에 빠진다.

동역의 중요성 – 연구 참여자 전부는 한국교회와 탈북민교회가 동역해야 한다고 입을 모았다. 한 목회자는 "남한 성도와 탈북민 성도의 비율이 7대 3이어야 한다"라고 말하기도 하고, 다른 목회자는 반대로 3대7 혹은 4대 6이 적절하다고 주장하기도 하였다. 그러나 모두 동의하는 한 가지는 탈북민교회라고 해서 탈북민 성도만 있어서는 안 된다는 점이다. 단 탈북민교회가 필요로 하는 남한 성도는 신실하며, 구제보다는 복음의 열정이 있어야 하고, 탈북민 담임목회자를 존중하고 마음을 잘 맞춰줄 수 있는 사람이어야 한다. 여러 탈북민 목회자들의 이야기를 들어보자.

"탈북민교회는 한국 교회 안에서 북한선교를 바라보면서 탈북민과 기존 한국 성도들이 함께해 나가야 합니다."

"탈북민교회에서 탈북민이 70%가 성도를 차지하되, 잘 양육된 사람이 되어야 하고, 30%는 성숙한 남한 성도가 되어 서로 연합하고 협력하여야 합니다."

"탈북민교회는 한국교회와 협력이 안 되면 안 됩니다. 하지만 한국교회의 담임목사님이 뜻이 있어야 협력이 됩니다. 만약 북한을 바라보는 마음이 우리와 다르면 안 됩니다. 다시 말하면 아무리 한국교회 성도들이 북한에 마음이 있다 하더라도 담임목사님이 뜻이 없다면 협력할 수 없는 것입니다."

"한국교회는 부서차원으로 협력한다고 하면서 부서들이 헌금만 하지 말고 (탈북민교회에) 직접 와서 같이 예배드렸으면 좋겠습니다. 이런 한국교회와의 협력은 탈북민교회를 성장시키는 데에 큰 힘이 되고 도움이 됩니다."

"탈북민을 대상으로 복음을 전한 것이 아니었지만, 교회를 개척하고 나니 탈북민이 와서 탈북민교회가 되었습니다. 최선을 다해 탈북민 사역을 했지만 결국 탈진할 수밖에 없었습니다. 하나님은 내가 탈진되었을 때, 남한 성도들을 보내주셨고, 그들과 함께 탈북민들에게 복음을 전하게 되었습니다. 남한 성도와 협력하지 않았다면 결국 지쳐서 탈북민 사역을 지속하지 못했을 것입니다."

"탈북민 사역에 있어서 함께 동역할 때, 첫째는 유행이 아닌 하나님의 사명으로 해야 하고, 둘째는 물질이 아닌 사랑으로 해야 하며, 셋째는 세상적인 기준이 아닌 하나님의 기준으로 해야 합니다. 한국교회나 탈북민교회가 탈북민들을 이용하는 행위는 멈추어야 합니다."

탈북민 목회자들은 하나같이 남북이 하나 되는 교회가 되었으면 하는 바람을 가졌다. 이 과정에서 남한 성도들이 좀 더 성숙하고 신실하게 협력하면 좋겠다는 생각을 피력했다. 남한 성도의 신앙이 어중간하면, 탈북민 성도와 다툼이 생기고 교회 안에서 기득권 다툼이 발생하기 때문이다.

정착의 어려움 – 탈북민 정착에는 두 가지 영역이 있다. 하나는 남한 사회에 정착하는 것이고, 다른 하나는 교회에 정착하는 것이다. 남한 사회의 정착이 어려운 것은 익히 알려져 있지만, 교회에 적응하는 것도 어려운 문제다. 탈북민 성도들은 목회자의 양육에도 불구하고 제대로 정착하는 경우가 많지 않고, 정착하더라도 최소 3년의 양육 시간이 필요하다. 교회에 정착하기 힘든 이유는 여러 가지다. 첫째는 돈 문제다. 교회 가면 돈을 주는 경우가 많아서 이 교회 저 교회를 다니는 이들이 생겼다. 둘째, 탈북민들이 자기 필요에 따라 교회에 나온다. 시간이 지나도 자신의 정서적, 경제적 필요가 채워지지 못할 때 교회를 떠난다. 셋째, 탈북민이 신앙적으로 모방할 모델을 발견하기 쉽지 않다. 탈북민 성도들은 대체로 눈치가 빠르고, 또한 삶으로 성숙한 모습을 보여주는 남한 성도를 만나길 기대한다. 넷째, 탈북민 간의 갈등과 다툼 때문에 교회를 떠나기도 한다. 갈등의 주요 원인 가운데 하나로 목회자의 사랑을 서로 독차지하려는 상황을 들 수 있다. 다섯째, 탈북민 성도를 대상으로 수준에 맞지 않는 양육 프로그램을 행하기에 탈북민이 부담스러워 떠나기도 한다.

탈북민 목회자의 역할은 무엇인가?

그렇다면 탈북민 목회자의 역할은 무엇일까? 이들은 교회와 탈북민을 위해서 어떤 역할을 감당할 수 있을까?

통합의 매개자 – 첫째, 탈북민 목회자는 '통합의 매개자' 역할을 할 수 있다. 남한 사회에서 경제적 어려움뿐만 아니라 정신적, 심리적 어려움을 겪는 탈북민에게 필요한 것은 국가적 지원과 더불어 좋은 사람과의 인격적 만남이다. 그런데 탈북민의 사회 활동과 인간관계는 지극히 제한적이기 때문에 그러한 인격적 만남을 남한 사람들과 가지기가 쉽지 않다. 이때 그 역할을 동질문화권에 속한 탈북민 목회자들이 감당할 수 있다. 탈북민 목회자는 성도를 한국사회에 적응하며 살 수 있도록 도와주는 통합의 매개체이기 때문이다.

탈북민 목회자는 통합의 매개자로서 세 가지 특징을 보인다. 간단히 말해 탈북민을 향해서 탈경계적, 수평적, 공생적 태도와 행위를 취한다.[97] 첫째로 탈북민 목회자가 가지고 있는 탈경계성은 탈북민에 대한 수용성과 개방성을 의미한다. 대부분의 탈북민 목회자들은 사회적 소외와 차별을 받고 있는 탈북민을 위해 불편과 불이익을 감수한다. 그들을 기꺼이 수용하며, 그들의 목소리에 귀를 기울이며 소통한다. 더 나아가 탈북민 목회자는 남한 성도들과의 소통을 확대하는 역할을 감당함으로써 남한 성도와 탈북민 성도를 통합하는 중요한 역할을 한다.

둘째로 탈북민 목회자가 가지는 수평성은 사회적 소외와 차별을 가진 탈북민을 하나님의 창조물로서 그들의 인격을 그대로 존중하는 태도를 가리킨다. 이러한 태도는 그들을 하나님의 형상을 지닌 사람으로 대하며 존중하는 것이다. 그렇기에 위계적 질서 안에서보다는 그들과 동등한 입장에서 목회를 한다. 또한 수평성은 탈북민의 권리에도 관심을 가진다. 탈북민들이 한국사회에 살아가기 위해 자신들의 권리를 찾아야 하는데, 대체로 모른다. 이러한 빈틈을 탈북민 목회자들이 찾아 들어가서 도와준다. 하나원을 나와서 지역사회에 살아갈 때, 병원, 은행, 슈퍼마켓, 관공서, 학교 등을 같이 가서 일일이 챙겨주고, 나아가 지역사회에 적응하며 살아갈 수 있도록 인적 네트워크까지 연결시켜 준다. 그리고 국가로부터 받아야 할 여러 권리를 가르쳐 주고 혜택을 받도록 도와준다.

셋째로 탈북민 목회자들은 공생성을 가진다. 공생성은 "기꺼이 타인을 도와주거나 도움을 받음으로 상호이익과 역량을 증진시키려는 태도이자 적극적으로 상호 이해를 지향하는 행위"를 말한다.[98] 이 태도는 기본적으로 목회자의 열린 마음에서 출발한다. 탈북민 목회자들은 탈북민들의 물적 기반에도 관심을 가진다. 탈북민 목회자들은 탈북민 대다수가 어렵게 살아갈 수밖에 없는 구조에서 조금이나마 그들이 살아갈 수 있도록 도와준다. 직장 알선, 기초생활 수급할 수 있도록 만들어 주고, 기술을 가질 수 있도록 가르치며, 작은 돈일지라도 사기당할 각오를 하면서까지 도와주고는 한다. 이러한 세 가지의 탈북민 목회자의 특징이 사회적 통합을 이루고 사회적 결속력과 그들의 삶의 질을 끌어올리게 된다.

이중문화의 가교 – 남한과 북한의 문화는 서로 다르다. 북한의 사회주의 문화정책은 한민족의 고유한 전통문화를 변질시켰고, 그 결과 남북한 문화의 이질화가 더 심해졌다. 이에 따라 서로의 '차이'를 부정하거나 인식하지 못해 오히려 갈등과 차별의 단초가 되는 현상이 종종 발생한다.[99] 이런 상황에서 탈북민 목회자는 탈북민이 남한 사회에서 경험하는 소외와 차별을 이해하며 치유와 평안을 갖도록 도와준다. 탈북민 목회자들은 자신들이 있어야 하는 이유를 다음과 같이 설명한다.

"탈북여성들은 한국사회에 빨리 정착하기 위해 한국남성들과 사귀고 결혼하기를 원합니다. 그런데 이들이 결혼하여 살다보면 대화가 안 됩니다. 예를 들면 서로 등산을 하다가 탈북여성은 나무를 보고 옛날 추억을 떠올리는데 한국 남성은 이런 여성에 대해 공감을 하지 못합니다. 서로 사랑해도 북한에서 있었던 옛날 정서를 전혀 이해하지 못하고, 반응도 없습니다. 그래서 탈북여성은 남성에게 마음을 열지 못하고 살아가다가 탈북민교회를 찾게 되는 것입니다. 탈북여성은 굳이 자신의 상황을 설명 안 해도 동일문화권인 탈북민교회와 탈북민 목회자로부터 위안을 얻게 되기 때문입니다."

"탈북민들이 탈북민 목회자를 남한 목회자보다 더 좋아하기도 합니다. 위에서 하던 농담 그대로 하는 것을 좋아하기 때문입니다. 같은 고생을 거치면서 한국에 왔기 때문에 고생을 알아주고, 농담을 알아들을 수 있으며, 삶을 공감해 주어서 좋다고 합니다. 그래서 탈북민 목회자가 더 필요합니다."

탈북민 목회자는 이중 문화에 익숙해져 있다. 이들은 복음의 토착화와 상황화를 이룬 독특한 존재다. 그렇기에 부담 없이 남한에서 북한 주민들에게 복음을 전할 수 있다.[100] 탈북민 목회자들은 동일문화권을 형성하여 탈북민에게 복음을 전하고 위로와 평안을 전하는 통로가 될 수 있는 것이다.

마음과 영혼의 치유자 – 탈북민 목회자는 마음과 영혼의 상처를 입은 탈북민을 치료하는 치료자다. 한 탈북민 목회자는 다음과 같이 말한다.

"탈북민들은 고난의 행군을 거치면서 이념 중심의 삶에서 이익 중심의 삶을 선택합니다. 사상 없이는 살 수 있어도 돈 없이는 굶어 죽는다는 교훈을 배웠기 때문입니다. 그래서 남한에 정착하는 탈북민 대부분은 물질적인 것에 지대한 관심을 가지게 됩니다. 그러나 육체적 배고픔은 해결했지만 마음의 굶주림을 해결 못 하여 엉뚱한 곳에 탕진하게 됩니다."[101]

또 다른 탈북민 목회자는 탈북민 교회의 역할을 다음처럼 묘사한다.

"탈북민들은 이 안에 들어 온 것만으로도 위로를 받습니다. 가족과 같기 때문입니다. 말 못 하는 사연을 이 안에서는 풀어놓을 수 있습니다. 그래서 그들의 흠이 여기서는 문제가 되지 않습니다."

"탈북민이 탈북민교회를 다니는 이유는 탈북민교회가 한 영혼을 아끼고, 실수를 용납해 주고, 북한을 이해하고, 신뢰할 수 있기 때문입니다. 그리고 그들은 탈북민 목회자들이 '자신들을 진짜 사랑하는구나, 그리고 이해해 주고 있구나, 정말 상처받은 자들을 알아보고 있구나'라고 생각하고 있습니다."

때로 탈북민 목회자들을 함부로 대하고 시기하는 탈북민도 있다. 그러나 마음의 상처와 영적 상처를 안고 있는 대다수의 탈북민들은 탈북민 목회자를 신뢰하며 따른다.

(사례)
새희망나루교회 개척 이야기
– 마요한 목사

새희망나루교회가 개척될 당시 한국에 들어 온 탈북민은 24,000명 정도 였다. 그 가운데서 실제적으로 믿음을 가지고 교회에 출석하는 탈북민은 얼마 안 되었다. 한국에 온 탈북민들이 초창기 교회에 출석할 때, 그 적은 인원의 탈북민도 제대로 품을 수 없어 '고전'하는 한국교회의 모습을 보았다. 그렇기에 통일되었을 때 2천 5백만의 북한 사람들과 하나가 되기란 결코 쉬운 일이 아닐 것이라고 생각하였다. 그럼에도 하나님의 뜻과 계획은 분단된 한반도가 복음으로 통일되고 남과 북의 사람들이 그리스도 안에서 하나를 이루는 것이라는 확신이 내게 있었다. 그리고 이러한 사람의 통일은 한국교회가 이를 어느 정도 감당할 수 있을 때 주시는 것이라고 생각하였다. 한국교회에서 남과 북의 사람들이 하나를 이루는 통일선교 사역들을 감당하던 중에 나는 교회 내 한 부서가 이와 같은 준비를 하는 것도 중요하지만, 작더라도 그리스도 안에서 남한과 북한 출신 사람들이 하나의 교회를 이루어 가야 한다는 마음을 갖게 되었다. 미래에 통일된 한반도에 세워가야 할 모델과 같은 교회를 준비해야 할 것에 대한 마음이 점점 커져갔다.

8년 동안 대형교회에서 통일선교 공동체를 세우고 목회한 경험이 있었지만, 개척교회는 교회 내 부서와는 달리 규모는 작아도 하나의 교회다. 따라서 그 안에 여러 가지 어려움이 있었다. 그럼에도 복음 안에서 남과 북의 지체들이 하나가 될 수 있다는 확신과 비전이 있었기에 교회를 시작하면서 처음부터 일관되게 강조하였던 것은 그리스도 안에서 우리 모두가 한 가족이라는 점이었다. 가족이라면 진정으로 사랑하는 마음에서 서로를 이해해 주고 모든 일에 함께할 수 있어야 한다. 부족하더라도 기다려 주는 것이 가족의 사랑이다. 부유한 자나 빈곤한 자나, 종이나 주인이나 함께했던 초대교회의 모습이 그러했다. 그들은 신분의 차이를 뛰어넘어 그리스도 안에서 새로운 가족이 되어 서로의 아픔과 기쁨은 물론 모든 것을 함께 나누었다. 다름 아닌 복음의 능력 덕분이었다. 초대교회는 복음으로 하나 된 내면의 건강함으로 세상을 향해 엄청난 영적 영향력을 발산할 수 있었다.

교회가 그리스도의 집이고 모두가 하나님의 가족이라면, 서로가 서로에게 편할 수 있어야 한다. 교회가 안식할 수 있는 하나님의 집이 아닌, 일을 위한 사역장소라고 생각하면 결코 편한 마음으로 오지 못할 것이다. 교회에 와서 안식을 누릴 수 있다면 서로에 대해 마음을 열게 되고 하나를 이루어 갈 수 있다고 생각했다. 따라서 남한 지체든 북한 지체든 간에 될 수 있는 한 부담을 주지 않으려고 애를 썼다. 그리고 할 수 있는 한 먼저 교인들을 최선을 다해 섬기려고 했다. 물론 잘 다져진 큰 교회에서의 섬김에 비할 수 없지만 그럼에도 그 진심을 알고 교인들이 행복해하고 교회에 오는 것을 즐거워했다. 행복하면 마음의 여유가 생기고 또한 서로에 대한 이해심이 많아진다. 그런 마음에서 오후 성경 소그룹 모임을 하면 서로의 다름을 넘어서 점점 가족처럼 친근해지는 것을 경험했다.

물론 교인들의 숫자가 많다면 어려울 수도 있다. 크지 않은 규모이기에 가능했고 더 가족같이 느껴졌던 것 같다. 게다가 남북한 지체 각각의 비율도 그리 크지 않았다. 교회를 시작하면서 처음부터 추구했던 것은 탈북민 숫자에 연연하지 않는 것이었다. 머릿수가 중요한 것이 아니라 그들의 질적 변화가 중요하다고 생각했다. 탈북민일수록 한 사람 한 사람 영적 변화를 이루어 그들을 본보기로 삼아 교회의 주축을 이루게 하는 것이 중요하다. 그렇다면 새로 교회에 오게 되는 탈북민 지체들이 같은 탈북민들의 신앙의 모습에 더 큰 영향을 받아 영적 동화가 빨리 일어나게 된다. 목회를 하면서 보니 한국에 입국해서 교회에 처음 나온 탈북민들이 우리 교회의 다른 탈북민들의 신앙적으로 변화된 모습을 보고 빠르게 변화되었다. 어떤 면에서는 설교나 교육보다도 오히려 다른 탈북민들의 신앙의 삶을 통한 변화가 더 클 때가 있다.

새희망나루교회에서는 탈북민들을 특별취급하지 않는다. 따라서 탈북민들에 대한 특혜가 거의 없다. 만일 도와야 할 일이 있으면 탈북민이라서가 아니라 믿음 안에서 한 가족이고 도움이 필요하기 때문이다. 그것은 남한 출신 성도들에게도 똑같이 적용된다. 그리고 그런 도움에 대해 운영위원회 리더십 몇 사람만 알고 드러내지 않는다. 그런 이유로 교회 안에서 서로에 대해 자유롭다. 교회 수련회 회비를 낼 때도 남한 성도와 북한 성도 지체들이 교회가 책정한 대로 똑같이 부담하고 참여해 왔다. 해외 아웃리치와 같이 비용이 많이 소요되는 사역들도 마찬가지다. 반년 전부터 1인당 회비를 책정하고 공지하면 함께 기도하면서 남한 출신 성도들과 똑같이 비용을 들여 참여하게 했다. 지금까지 매해 한 번씩 해외 아웃리치 사역을 진행해 왔는데 한 번에 보통 10-15명 정도의 인원이 참여해 왔다. 그런데 매번 70% 이상은 항상 탈북민 성도들이었다.

과도한 관심은 역차별을 낳을 수 있다. 그러면 보이지 않는 마음의 벽이 생겨, 하나를 이룰 땅에도 나를 기억하고 선물을 보내는 사람들이 있다는 생각으로 위안을 받게 하기 위해서다. 그런데 문제는 탈북민들에게만 보내면 이것이 또한 특별취급이고 역차별을 일으킬 수 있다는 것이다. 평등함에 익숙해진 탈북민 지체들도 자기들만 선물을 받는 것에 대해 반대하면서 주려면 다 똑같이 주어야 하고 그렇지 않으면 받지 않는다고 했다. 물론 교회의 남한 지체들은 자기들까지 선물을 받는 것에 대한 부담은 있었지만 탈북민 지체들을 위해 똑같이 받기로 했다. 정작 똑같이 선물을 받으니 모든 성도들이 좋아했고 그 자그마한 경험을 통해 그리스도 안에서 하나라는 마음과 평등함을 더욱 느끼게 되었다.

통일목회를 하면서 겪은 중요한 경험 한 가지는 하나님께서 교회의 남한 지체들에 대한 과도한 기대를 깨뜨려 주셨다는 것이다. 물론 이것은 함께하고 있는 남한 출신 성도들의 믿음이 부족해서가 아니다. 하나님께서는 여러 통로들을 통해서 내가 내심으로 기대하고 있던 남한 지체들, 그들도 여전히 연약하고 주님 안에서 계속해서 준비되어야 할 사람들이라는 것을 보여주심으로 사람을 의지하려는 나의 마음을 만져주셨다. 그것을 통해 한국교회가 그리스도 안에서 남북이 궁극적으로 하나를 이루는 사명을 감당하기 위해서는 탈북민, 또는 북한 사람들만 바뀌면 된다는 생각은 잘못된 것이며 남한 사람들도 함께 준비되어야 함을 깨닫게 하셨다. 결과적으로 한국교회가 감당해야 할 복음 통일의 사명은 남과 북의 지체들이 그리스도 안에서 함께 준비해 갈 때에 하나님께서 주시는 선물이다.

3
남한출신 목회자가 주도하는 남북통합목회

2000년대 들어서 여러 남한 목회자들이 탈북민을 품고 교회를 개척하기 시작했다. 현재까지 26개의 교회가 세워졌다.[102] 약 5만 5천 개의 한국교회 안에서는 매우 적은 수이지만, 남한 목회자들이 탈북민을 품고 함께 교회를 세워가는 것은 향후 북녘에 세워질 교회를 미리 그려본다는 점에서 매우 의미 있다. 그러니 이들의 교회개척에서 얻어지는 실패와 성공의 경험담을 통일 후 북한교회개척이라는 큰 틀로 이해하고, 이를 참고하며 미래를 준비해 가야 할 것이다.

남한 목회자가 주도하는 남북통합목회 연구를 위해 남한 목회자가 개척하여 목회하고 있는 교회 중 다섯 군데와 심층 인터뷰를 진행하였다. 그러나 남한 목회자들이 탈북민을 품고 개척한 교회라고 모두가 다 남북통합목회라고 볼 수는 없다. 이들 교회 중에는 남한 목회자가 탈북민을 더 품고 그 탈북민성을 더 강화하는 방식으로 목회를 하는 경우도 있다. 이것은 남북통합목회를 하는 남한 목회자가 그리 많지 않다는 것을 보여준다. 남한 목회자들이 탈북민과 함께하는 교회를 개척하는 경우는 대부분 중국에서나 한국에서 탈북민 사역을 했던 경험이 있는 경우다. 어떤 목회자는 탈북민 대안학교 교사나 탈북민 정착도우미, 혹은 어느 대형교회 탈북민 부서를 담당했던 교역자 출신이다. 이런저런 이유가 있겠지만, 탈북민을 품는 교회를 시작하게 된 근본적인 이유는 탈북민 사역 경험이다.

그래서 남한 목회자가 개척하는 대부분의 탈북민 교회를 보더라도 초기에는 탈북민 성도의 비율이 매우 높다. 그러나 시간이 지날수록 탈북민 성도의 비율이 점점 줄어들게 된다. 그 이유는 탈북민의 신앙이 자라지 않거나 학교를 졸업한 후 직장을 찾아 다른 곳으로 떠나는 등 다양하다. 남한 목회자의 얘기를 들어보자.

"처음에 교회를 개척했을 때 남북한 성도 비율이 4:6 정도 되었습니다. 북한 성도가 훨씬 많았습니다. 그런데 지금은 그 비율이 역전되어 6.5:3.5 정도 됩니다. 처음에 탈북자들이 호기심으로 많이 왔습니다. 그런데 지금은 점점 빠지는데 저는 그것이 자연스러운 현상이라고 봅니다. 남한 성도들도 교회를 떠나듯이 북한 성도들도 자신에게 맞는 교회를 찾아가고 신앙도 떠나는 그런 현상입니다."[103]

또 다른 교회는 처음에 교회를 개척할 때 남북의 비율이 6:4 정도 되었다고 한다. 그러나 시간이 지나면서 지금은 남북 비율이 8:2까지 벌어졌다. 담임목회자가 남한 목회자이기에 자연스럽게 남한 성도들이 더 많이 모이는 것으로 볼 수 있다. 물론 남한 성도가 더 많더라도 남북통합목회는 지속가능하다.

남한 목회자가 담임하는 탈북민교회의 목회철학은 무엇인가?

남한 목회자가 남북통합목회를 하기는 결코 쉽지 않은 일이다. 그렇기에 이런 목회를 하는 남한 사역자들은 처음부터 북한사역에 직간접적으로 오랫동안 사역해 온 경험이 있는 자들이다. 그러나 이런 사역 경험이 있다고 해서 다 남북통합목회를 하는 것은 아니다. 어떤 목회자는 탈북민 중심의 목회를 집중적으로 하고 있는데, 이런 경우에 그 교회의 남한 성도들은 대부분이 북한선교에 헌신한 자들이거나 탈북민을 돕는 이들이다.

남한 목회자가 남북통합목회를 하는 경우는 크게 보아 두 가지다. 하나는 초기에 탈북민 중심의 목회를 하던 중에 자연스럽게 남북통합목회로 넘어가는 경우다. 처음에는 탈북민 가정으로만 교회를 세웠으나, 시간이 지나면서 탈북민 성도뿐만 아니라 남한 성도도 정착하게 되면서 자연스럽게 남북통합목회가 되는 교회가 그런 경우에 해당한다. 한 남한 목회자의 얘기를 들어보자.

> "저희 교회는 탈북민 세 가정으로 시작했습니다. 저는 탈북민에게만 초점을 맞추고 이들을 양육하는 교회로 가려고 했습니다. 그런데 북한선교에 관심을 가진 남한 성도들이 조금씩 모이게 되었고, 그들이 지금은 교회에 자연스럽게 녹아들어서 남북이 함께하는 교회가 되었습니다. 처음부터 이렇게 의도했다기보다는 자연스럽게 진행되었습니다. 지금은 남북이 50:50의 비율입니다."[104]

두 번째 경우는 처음부터 목회자가 남북통합목회에 대한 분명한 의지를 가지고 목회를 시작한 경우다. 이 경우에 남한 목회자는 탈북민을 위한 사역을 미리 경험했고, 탈북민만을 위한 특수한 교회보다는 남과 북이 복음 안에서 함께 예배하는 것을 목표로 삼고서 보편적 교회를 세우려는 철학을 갖고 있었다. 여기서 보편적이라는 표현은 한국사회에서 탈북민 성도만을 대상으로, 또는 탈북민을 중심으로 하는 교회가 아니라 남과 북의 모든 성도와 그들이 가지고 있는 문화적 배경까지 아우른다는 뜻이다.

목회자가 이러한 철학을 가지고 교회를 시작하는 것은 결국 복음의 본질을 붙들고 씨름한 결과다. 복음의 본질이 하나님과의 화목이며롬 5:10, 이 때 목회자는 화목케 하는 자로서의 사명고후 5:18을 받은 자로 인식했기 때문이다. 한 남한 목회자는 다음과 같이 말한다.

"결국 문제는 목회자가 복음의 본질을 알고 복음의 능력을 소유하고 있는가에 있습니다. 저는 남북한 성도를 구별하지 않고, 차별하지 않습니다. 사실 결국은 목회자의 문제예요. 목회자가 복음의 능력을 갖고 균형감각과 영성, 현장성을 가진 조정자(coordinator) 역할을 해야 합니다."[105]

남북통합목회에서 남한 목회자든 탈북민 목회자든 상관없이 목회자 자체가 복음의 우선성을 가지고 남과 북의 성도를 이끌어 갈 수 있는 영성과 목회철학을 갖추어야 한다. 그것이야말로 남북통합목회의 가장 중요한 요소다.

남한 목회자가 목회하는 탈북민교회는 재정이 얼마나 중요한가?

남한 목회자가 목회하는 탈북민교회의 경우에도 역시 재정은 중요한 요소다. 탈북민 목회자가 하는 탈북민교회보다 상황은 낫지만, 대부분의 교회에서 재정의 자립도와 교회의 건강도는 직결되어 있다. 재정적으로 안정적이라는 것은 목회자가 목회의 본질에 더 투자할 여유가 있음을 의미한다. 탈북민 중심의 교회가 재정적으로 어렵다 보니 탈북민 목회자들이 주로 외부 강연이나 후원에 의존하는 목회구조를 가지게 되며 이는 목회의 본질에 집중하기 어렵게 만든다. 즉 설교와 양육과 훈련, 심방 등 전통적 의미의 목회사역에서 누수가 생긴다는 것을 의미한다. 따라서 목회가 재정적으로 뒷받침되지 못하면 장기적으로는 악순환의 구조에서 빠져나오기 어렵다. 이는 탈북민 중심의 교회를 담임하는 목회자와의 대화에서도 드러난다.

"한국교회가 저희 같은 탈북민교회에 신실한 권사님 또는 중직들을 10여 명 정도 일정 기간 보내주었으면 좋겠습니다. 그래서 그분들이 저희 교회에 다니면서 헌금도 하시고, 탈북민 성도들에게도 신앙의 모범을 보여주었으면 좋겠습니다. 그런데 혼자 오시면 탈북민들 사이에서 외롭기 때문에 그룹으로 오시면 서로 간에 의지도 되면서 오래 머물 수 있을 것 같습니다."[106]

그러나 남북통합목회를 하는 교회라고 해서 재정적으로 풍성한 것은 아니다. 단지 상대적으로 조금 더 낫다는 것뿐이다. 재정적 구조는 앞으로 한국교회와 함께 풀어가야 할 숙제다.

남한 목회자의 탈북민교회 개척연수가 중요한가?

탈북민 목회자가 목회하는 탈북민교회에서 남북통합목회의 개척연수는 중요한 변수였다. 일반적으로 탈북민 목회자의 교회는 개척한 연수가 오래되고 목회자의 철학이 분명할수록, 남북통합목회로 공동체의 체질이 차츰 변해가는 것을 볼 수 있었다. 그러나 남한 목회자가 목회하는 남북통합목회에서 개척연수는 그리 큰 변수가 되지 않는다는 것을 볼 수 있다. 특히 남한 목회자가 처음부터 통합목회에 대한 비전을 품고 시작했던 대부분의 교회들이 가진 표어는 대부분 '남과 북이 함께하는(같이 예배하는) 교회'였다. 즉 개척 초기부터 이 비전과 목표를 갖고 시작했기 때문에 개척연수가 남북통합목회의 여부에 큰 영향을 주지 않은 것으로 볼 수 있다. 그러나 시간이 흐를수록 남북 성도의 비율이 달라지는 현상이 나타난다. 대부분의 교회에서는 남한 성도가 느는 반면, 몇몇 교회만 북한 성도가 더 늘어나는 현상을 보였다. 이러한 차이는 그 교회 공동체 자체의 고유한 문화에 기인하는데, 여기에는 목회자의 요인, 교회 내 인적 구성, 탈북민 성도의 신앙 성장 여부 등 여러 가지가 있다. 이런 다양한 요소는 일반적 교회와 성장 정에서 나타나는 현상으로 봐야 할 것으로 보인다. 그러나 대체적으로 남한 목회자가 중심이 되는 남북통합목회에서는 남한 성도의 비율이 점차적으로 높아가는 현상을 보이고 있다. 이것은 남한 목회자 주도의 남북통합목회에서 아쉬운 부분이다. 탈북민 성도와 남한 성도가 절반씩 존재하면서 함께 성장해 가면 좋겠지만, 이는 아무래도 교회의 문화와 분위기가 목회자 중심으로 흘러가기 때문에 쉽지 않은 듯하다.

남한 목회자의 탈북민교회 성도들의 연령대는 어떻게 되나?

탈북민이 주도하는 통합목회는 주로 젊은 층이 모이는 교회에서 많이 나타난다. 그러나 남한 목회자가 주도하는 통합목회에서 연령대는 그리 중요한 요소가 아닌 것으로 보인다. 장년이나 청년이나 골고루 섞여있는 경우가 대부분이다. 이런 현상은 남북통합목회가 일반적이고 보편적인 목회를 지양하기 때문이라고 판단된다.

남한 목회자가 주도하는 통합목회 공동체에 출석하는 탈북민 성도들은 연령대와 상관없이 신앙적 체험과 변화를 경험한 자들이 많았다. 탈북민 청년들의 경우, 아무래도 한국 사회와 문화에 더 개방적이고 수용적이기 때문에 남북통합목회를 하는 공동체에 출석하는 것이 자연스럽다고 볼 수 있다. 탈북민 장년 성도들은 남한 성도가 주도하는 분위기에 선뜻 어울리기 어려울 수 있음에도 남한 목회자의 통합목회 교회에 출석하는 이유는 그가 경험했던 뜨거운 신앙적 체험과 공동체에 대한 강력한 소속감 때문이다. 이는 한 남한 목회자와의 인터뷰에서도 잘 드러난다.

"우리 교회는 탈북민들로 시작한 교회지만 제가 와서 많이 바뀌고 있습니다. 탈북민 성도들이 처음에 있었지만 결국 많이 떠났습니다. 처음에 물질로 그들을 유인한 것이 잘못이었습니다. 그럼에도 불구하고 지금 남아계시는 탈북민 권사님은 누구보다도 뜨거운 신앙체험을 하신 분입니다. 뇌수술을 해야 하는데 교회가 함께 기도해서 수술 없이 치유된 경험이 있으셔서 그 이후에 교회 일에도 가장 앞장서서 하고 계십니다."[107]

여기서 탈북민 성도가 남북통합공동체에 적응하고 뿌리내릴 수 있는 것은 연령대가 아닌 신앙의 본질적 체험과 변화된 삶인 것을 알 수 있다. 그리고 공동체에 깊은 소속감을 느껴야 한다는 사실도 확인된다. 이상이 남한 목회자와 탈북민 목회자가 이끄는 남북통합목회를 세부적으로 비교분석한 결과다. 남한 목회자와 탈북민 목회자가 하는 통합목회는 비슷하면서도 영역에 따라 서로 다른 특징을 보여주기도 한다.

나가면서

남북통합목회는 향후 남북이 통일된 후 북한에 세워지는 교회의 모델 역할을 남한에서 미리 경험할 수 있는 목회 형태다. 물론 통일 후에 다양한 형태의 교회가 세워질 것이다. 가령 현재 북한에 존재하는 조선그리스도연맹 소속으로 교회가 세워질 수 있다. 또한 북한 지하교회 성도들 중심으로 교회가 세워질 수도 있다. 그리고 탈북민 목회자들이 북한에 올라가서 고향에 교회를 세우게 될 것이다. 그러나 이들 만으로는 북한교회를 세우는 데 부족하다. 현재 남한교회는 6만여 개에 이르는데, 단순 비율로 따져도 남한의 인구 절반인 북한에는 대략 3만 개의 교회가 필요할 것이다. 이철신 목사는 북한교회 세우기 연구에서 북한 인구 2천 명당 1개의 교회를 세우는 것으로 목표한다면, 총 12,500개의 교회가 필요할 것으로 예측한 바 있다.[108] 그렇다면 지금의 탈북민 목회자와 북한 지하교회만으로는 매우 부족한 상황이고, 결국 남한 목회자들의 적극적 헌신과 참여가 필수적이다. 북한에 문이 열린 후에 준비한다면 이미 늦은 건지도 모른다. 따라서 현재 남한에서 남북통합목회 공동체를 세워가는 것이 향후 북한교회를 세우는 밑거름이 될 것이다.

어떻게 남한에서 남북통합목회 공동체를 세워갈 것인가?

남북통합목회가 이뤄지는 교회를 세우는 방법은 크게 두 가지 방향에서 가능하다. 하나는 탈북민 중심의 공동체로 시작하는 것이다. 다른 하나는 남한 성도와 탈북민 성도들이 목회자를 중심으로 처음부터 남북통합 공동체에 대한 비전을 공유하고 함께 시작하는 것이다. 이 두 가지 방식 모두 반드시 탈북민 성도가 포함되어야 한다. 탈북민 성도를 배제한 채 남한 성도만으로는 남북통합목회로 나아갈 수 없다. 그럴 경우 탈북민 목회는 그저 대형 남한교회의 부서 사역으로만 머물게 되기 때문이다. 현재 남북통합목회를 하는 공동체들은 모두가 다 이런 방식으로 시작된 공동체다. 따라서 남북통합목회의 시작을 위해서 현재 탈북민 사역의 경험이 반드시 필요한 전제 조건이라고 할 수 있다. 어떤 면에서 남한 목회자에게 진입장벽이 더 높은 분야가 바로 남북통합목회다. 이것이 2010년대 중반 이후로 남한 사역자들의 남북통합목회 공동체 개척이 거의 없는 이유이기도 하다. 반면에 탈북민 목회자들은 지금도 매해 약 2-3개의 교회를 개척하고 있다.[109]

남북통합목회에서 문화를 어떻게 이해할 것인가?

분단 후 남북통합목회의 역사는 두 번의 변곡점이 있었다. 월남민의 목회가 그랬고, 현재 진행 중인 탈북민을 매개로 하는 남북통합목회가 그러하다. 전자의 목회가 통합목회로서 주목받지 못하고 연구조차 되지 않은 이유는 문화권에 대한 이해가 부족했기 때문이다. 선교학자이자 인류

학자인 폴 허버트에 따르면, 문화는 "인간이 생각하고 느끼고 행동하는 바를 조직하고 체계화하는 일단―團의 사람에 의하여 공유된 사상, 감정, 가치 그리고 행동에 연관된 유형과 산물로 통합된 것들의 체계"[110]다. 당시 월남민은 남한을 다른 문화권으로 보지 않고 같은 나라로 보았고 실제로 남과 북의 차이는 현재 영호남의 차이 정도로 인식되는 수준이었다. 그러나 분단이 길어지면서 90년대부터 생겨난 탈북민의 등장은 북한을 새로운 관점에서 바라보게 하였다. 그것은 타문화권을 대하는 접근 방식이었다. 한국사회가 다른 문화권으로서의 북한을 만나면서 '틀림(wrong)'이 아닌 '다름(difference)'으로서 북한을 만나게 된 것이다. 이로 인해 한국교회도 달라진 북한인을 서로 이해하는 데 시간을 많이 할애하게 되었고 남북통합목회는 이런 과정에서 자연스럽게 도출된 현상이었다.

그러면 남북통합목회 공동체 내에서는 어떤 문화가 주류 문화일까? 주류 문화란 한 공동체 안에서 구성원이 함께 공유하고 의식하는 가운데 전체를 이끌어 가는 문화를 말한다. 남북통합공동체 안에는 두 가지 문화가 존재한다. 바로 남한문화와 북한문화다. 이런 경우 주류 문화는 남한 성도와 탈북민 성도 간에 상대적으로 많고 적음에 따라 결정될 수도 있지만 반드시 그런 것은 아니다. 목회자의 출신 지역에 따라서 주류 문화가 달라질 수도 있기 때문이다.

남북통합목회 공동체 문화의 특징은 남북문화가 병존하면서 새로운 문화를 만들어 간다는 데에 있다. 남북문화가 병존하는 것은 각각의 문화가 쉽게 사라지지 않는다는 것을 잘 보여준다. 이는 교회 내 음식문화, 언어, 정서, 모임의 방식 등 다양한 영역에서 나타난다. 그러나 한편으로 이런 문화들이 융합되면서 새로운 방식의 문화가 등장하기도 한다. 남북통합목회를 하는 목회자들은 이런 점에 대하여 대부분 공감한다. 남북통합목회를 감당하는 탈북민 목회자는 자신의 공동체를 "통일시대 민족교회의 새로운 문화를 창출하는 임상의 장場"이라고 묘사한 바 있다. 또 다른 남한 목회자는 다음과 같이 말한다.

"우리 교회의 탈북민 중에 어느 형제가 얼마 전에 고통받는 미얀마를 위해서 50만 원을 헌금했습니다. 북한을 위해서 해야 함에도 불구하고 고통받는 이를 위한 마음을 국적에 상관없이 가지게 된 것입니다. 이것은 남과 북이 함께 하면서 복음 안에서 새로운 문화를 만들어 가는 과정이라 생각합니다."[111]

흥미롭게도 거의 대부분의 남북통합목회를 하는 목회자들이 공통적으로 강조하는 부분이 있다. "우리는 남과 북을 구분해서 대우하지 않습니다"와 "우리는 통일 후 북한에 세워질 모델 교회를 만들어 가는 것입니다"라는 점이다. 이 두 표현에서 이미 남과 북의 문화를 일부러 드러내지 않는다는 점이 나타난다. 이러한 공동체들이 궁극적으로 새로운 문화를 만들어 가고 있음을 단적으로 보여준다. 여기에서 새로운 문화란 그리스도 안에서 변화된 문화를 의미한다. 선교학자 데이빗 헤셀그레이브(David J. Hesselgrave)에 따르면 선교적 관점의 문화 이해에는 세 가지 층위가 존재한다. 첫째는 복음수용자들의 문화고, 둘째는 복음전달자인 선교사의 문화, 마지막은 성경적 문화다.[112] 헤셀그레이브의 문화 구분을 남북통합목회에 적용해 보면 남북통합목회가 지향해야 할 문화의 목표가 더 분명해진다. 우선, 남북통합

공동체 내에 있는 남북문화는 수용자의 문화로 볼 수 있다. 그리고 복음 전달자인 선교사의 문화를 목회자의 문화로 볼 수 있을 것이다. 그러면 목회자가 수용자의 문화를 잘 알 뿐 아니라 전달하고자 하는 성경의 문화를 잘 알고 담아내서 수용자의 문화와 그로 인해 형성된 세계관을 바꾸는 역할을 해야 하는 것이다.

남북통합목회에서 새로운 문화의 추동요인은 목회자다. 복음수용자의 문화를 목회자는 깊이 이해하고 알아야 한다. 다시 말해 남한 목회자는 탈북민 성도의 북한문화에 대해서 깊이 이해하고 있어야 한다.[113] 탈북민 목회자는 남한 성도와 남한문화에 대해서 더 많이 알아야 한다. 그러기 위해서는 남북 사역자 모두에게 배우는 자세(teachable)가 필요하다. 이것은 수용자 공동체인 남한 성도와 탈북민 성도 모두에게 필요한 자세다. 서로의 문화에 대해 존중하고 배우려 하는 자세가 있어야 하는 것이다. 그러나 이것만으로는 충분하지 않다. 마지막으로는 교회 전체가 성경의 문화, 즉 성경의 세계관으로 바뀌어야 한다. 우선 목회자 자신이 성경적 세계관을 잘 이해하고 있어야 하며, 복음의 메시지를 성경에 기반하여 분명하게 가르칠 수 있는 능력을 소유해야 한다. 또한 남한 성도와 탈북민 성도 모두가 성경적 세계관으로 변화를 받아야 한다. 특히 탈북민 성도들이 북한에서 형성된 세계관을 성경적 세계관으로 바꿔가는 부분이 매우 중요하다. 이것을 남한 목회자는 다음과 같이 표현한다.[114]

"탈북민 성도들은 주체사상으로 오랫동안 생활하고 내려와서 아무리 복음을 들어도 자신의 삶의 주인을 바꾸지 않으면 소용이 없습니다. 우리 교회에서 가장 중요한 복음은 그 인생의 주인을 '나'에서 '예수'로 바꾸는 것이라고 가르칩니다. 이것은 말로만이 아니라 매주 변화된 삶의 간증을 나눔으로써 실제적으로 삶의 주인이 바뀌는 것을 나눕니다."

탈북민 성도의 진정한 변화는 남북통합목회에서 '좋은 목회자' 다음으로 중요한 요소다. 무신론적인 사회에서 나고 자란 세대가 예수 그리스도를 만나고 성경적 세계관으로 바뀌어 삶의 우선순위가 분명해지면서 남한 성도와 함께 하나가 되어 공동체를 세워갈 때, 바로 그들이 진정한 남북통합목회의 주체가 되는 것이다.

(사례)
남한 목회자의 남북통합목회 공동체 개척기
– 생명나래교회 하광민 목사

"Why me?"

2012년 12월 어느 날 중년 목회자로서 목회의 진로를 주님께 묻고자 기도원에 올라갔다. 한 주간 기도하면서 앞으로 어떤 길을 가야 할지 기도하였다. 사실 그때까지는 한국교회에 청빙받아 목회하고자 싶은 마음이 있었다. 아버지가 목회자로서 개척하신 교회에서 자라면서 개척교회의 현실을 너무나 잘 알기에 가능한 한 기성교회의 담임목사로 청빙을 받고 싶었다. 북한선교는 기존의 남한교회에서 헌신된 성도들과 함께 일구어 가도 좋을 것 같았다. 그러나 기존에 섬기던 대형교회의 탈북민 부서에서 남한 성도들과 북한 성도들이 복음 안에서 하나 되는 엄청난 가능성을 맛보았기에 내심 주님께서 새로운 길로 나를 부르실 수도 있다는 마음이 있었다.

어느 길을 결정하더라도 후회가 없으려면, 내 뜻이 아닌 주님의 뜻을 구하는 시간이 반드시 필요했다. 며칠 동안 금식하며 기도했지만 내 마음은 점점 더 혼미스러워졌다. 그러다가 마지막 날 기도 시간에 주님께서 이런 마음을 주셨다. "네가 먼저 보았으니 네가 하라." 곰곰이 생각해 보았다. '내가 먼저 본 것'은 무엇일까? 그것은 바로 남과 북이 복음 안에서 하나 되었던 사건이다. 당시에 나는 대형교회 탈북민 부서를 섬기면서 남한 성도들과 북한 성도들이 더 이상 가르치는 자와 배움을 받는 자가 아닌 복음 안에서 평등한 존재임을 보고 있었다. 그래서 남한 성도는 더 이상 '봉사자'라는 명칭을 쓰지 않게 했으며, 북한 성도들도 더 이상 섬김만 받는 것이 아니라 그들이 할 수 있는 상황에서 공동체를 섬길 수 있도록 그들에게도 봉사의 영역을 열어놓았다.

그렇다면 이 부서를 더 잘 섬기면 될 텐데 왜 내가 굳이 새로운 교회를 개척해야 했을까? 그것은 '네가 하라'라는 것에 대한 대답이 되었다. 사실 탈북민 부서를 섬기면서 시간이 갈수록 부서의 한계를 심각하게 느끼게 되었다. 남한 성도들은 시간이 지나면 탈북민 부서를 떠나 다른 부서로 옮겨가 봉사를 계속 이어가는 습성이 있었다. 그러나 탈북민 성도들은 교회를 떠나지 않는 이상 그 부서를 떠나지 않거나 혹은 떠날 수 없었다. 그래서 시간이 가면 갈수록 탈북민 성도들은 오래 머무는 반면에 남한 성도들은 3-4년 정도 있으면 물갈이가 되는 것이었다. 그래서 우스갯소리로 탈북민 성도들이 집주인이고 남한 성도들은 전세 사는 신세라는 말도 있었다.

탈북민 성도들에게는 탈북민 부서가 하나의 교회 공동체로 기능하였다. 이것은 탈북민 부서의 긍정적 기능이기도 했다. 반면에 이러한 현상이 탈북민들에게 부정적 교회론을 심어주는 계기로 작용하는 것으로도 보였다. 일반적으로 탈북민 부서에서 탈북민 성도들은 온실 속의 화초처럼 온갖 정성으로 섬김을 받는다. 각종 섬김의 손길이 탈북민 성도의 물질적이고 영적 필요를 채우기 위해서 준비되었고, 이들 대부분은 그러한 도움을 누리고 있었다. 그러다가 남한 성도들이 이러한 섬김에 지치면 3-4년 후에는 부서를 떠났던 것이다. 그러면 남은 탈북민 성도들에게 교회란 과연 무엇일까라는 의문이 들었다. 탈북민 성도 스스로의 헌신이 없는 공동체를 교회라고 할 수 있을까라는 생각이 들기 시작했다.

흔히 탈북민들을 북한선교의 일꾼이라고 부른다. 이들이 통일 후 북한에 교회를 세울 자들이라고도 말한다. 그러나 내가 경험한 탈북민 부서에서 탈북민 성도들이 갖게 되는 교회론을 볼 때, 통일 후에 이들이 세울 교회는 남한교회가 다 지원해야 하는 교회일 수도 있다는 생각이 들었다. 어릴 적 아버지를 따라서 우리 가정이 온갖 헌신으로 세운 교회를 생각해 보면, 적어도 교회란 지도자의 눈물의 헌신과 성도들의 땀과 희생이 없이는 세워지지 않는다. 그런데 온실 속 화초로만 키워진 탈북민 성도들이 북한에 세울 교회는 자칫하면 초기 한국교회의 '자립, 자치, 자전'의 이상과는 거리가 먼 남한교회의 재정과 인력에 전적으로 의존하는 교회가 될 가능성이 크다고 여겨졌다. 만일 그럴 경우 그 교회가 북한의 현지 주민들을 온전히 품을 수 있을까 하는 생각으로 이어졌다. 그리고 이 마음이 들었을 때, '적어도 이건 아니다'라는 결론에 이르게 되었다.

그렇다고 선뜻 '제가 하겠습니다'라고 결단하기도 힘들었다. 그때 주님께서 '네가 먼저 봤으니 네가 하라'라는 말씀을 해주셨고, 그 말씀은 비수처럼 내 마음에 들어왔다. 그렇게 1년을 기도하다가 주님의 시간에 2014년 3월, 드디어 남과 북이 함께하는 교회 공동체를 시작하게 되었다.

처음에는 남과 북이 함께하는 공동체라고 하니, 뜻 있는 남과 북의 성도들이 따라주었다. 너무나 감사한 일이었다. 그리고 1년이 못 되어서 교회 공간을 구하는 과정에서 남한 성도들 뿐만 아니라 북한 성도들도 재정의 헌신을 하는 모습을 보았다. 지금도 그 순간이 너무 귀하고 감사하다. 자신의 옥합을 깨뜨리는 헌신이야말로 참된 교회 공동체를 심는 일이기 때문이다. 주님은 우리의 적은 헌신 위에 기적을 베푸셔서 우리 형편으로는 꿈도 꾸지 못할 좋은 장소로 인도하셨다. 이 과정에서 가장 기뻤던 것은 교회는 주님이 이끄신다는 것을 남북의 성도들이 함께 경험했다는 사실이다. 남한 성도들에게도 교회를 세워가는 일이 흔하지 않은 경험이었지만, 북한 성도들은 처음 있는 일이었다. 이런 기적과 같은 일들을 통해서 우리 공동체는 하나님의 살아계심을 계속적으로 체험할 수 있었다.

처음에 남과 북이 함께하는 공동체를 꾸려가면서 가장 많이 신경을 쓴 부분은 남과 북 사이에 문화적으로 민감한 부분이었다. 서로가 서로를 배려하지 않으면 함부로 선을 넘을 수도 있기 때문이었다. 그래서 설교 시간에 북한 용어를 사용하기도 하였고, 식사 교제를 위해서 일 년에 한 번씩 김장을 할 때에는 아예 북한식 김치를 만들어서 먹기도 하였다. 명절 때마다 설날 잔치와 추석 잔치를 열어서 탈북민 성도들과 고향에 대한 애틋함을 함께 나누었다.

그러나 시간이 갈수록 이런 노력들에 비해 성도들의 변화가 나타나지 않았다. 3년 정도 지나자 처음에 남과 북이 함께하는 공동체에 동참했던 성도들이 하나둘씩 떠나가기 시작하였다. '목회자로서 뭐가 잘못된 것일까?' '남과 북이 복음 안에서 하나 된 공동체를 만드는 이 위대한 일에 왜 저들은 동참하지 못하고 떠나는 것일까?' '마치 탈북민 부서를 섬기는 것처럼 3-4년이 지나자 떠나는 저들은 왜 그러는 것일까?'라는 자괴감과 함께 의문이 들었다.

오랜 고민 끝에 다시 성경으로 돌아가기로 하였다. 사실 '남과 북이 하나 되는 공동체'를 표방하였지만 이것이 하나의 거대한 비전이 되어 진정한 교회 공동체로 서지 못하게 만든다는 것을 알게 되었다. 어느 순간에 남과 북이 하나 되는 것이 가장 중요한 이슈가 되었다. 복음이 후순위로 밀린 것을 알게 되었고, 북한 사역이 주님의 공동체보다 더 우선되었음을 알게 되었다. 4년 차에 들어서면서 나는 교회 리더십과 다시 1년간 성경만 집중적으로 읽으며 공부하는 '말씀 제자반'을 시작하였다. 1년 동안 우리는 구약과 신약을 중심으로 말씀을 붙잡았다. 결과는 놀라웠다. 우선 목회자인 나 자신이 변하였다. 성경에 대해서 너무나 무지했다는 것을 깨닫게 되었다. 성경을 나누는 시간은 밤새도록 하여도 지치지 않았다.

그 이후 탈북민 성도들도 함께 '말씀 제자반'에 참여하였다. 사실 탈북민 성도들은 이미 웬만한 훈련은 다 경험한 이들이었다. 그러나 성경에 관한 지식은 있었어도 그들이 성경 자체를 알지는 못했었다. 그래서 항상 큰 벽이 성경이었다. 그런데 이들과 함께한 '말씀제자반'을 통하여 이들이 보여준 변화는 놀라웠다. 말씀을 온전히 깨닫게 되면서 헌신하기 시작하였고, 교회를 세워가는 데에 주저함이 없었다.

이 사건 이후에 내가 깨달은 것은 남과 북이 함께하는 공동체라고 하더라도 근본적으로 교회이며, 이 교회는 말씀으로 변화된 성도들이 세워가는 것이라는 점이었다. 그 이후 지금까지 말씀에 대한 중요성을 지속적으로 강조하고 있다.

　지금은 탈북민 성도들 중에서 집사들도 많이 세워졌으며, 청년부 리더와 주일학교 교사, 찬양팀원 등으로 여러 탈북민 성도들이 섬기고 있다. 이들은 남한 성도들과 아무런 구별 없이 자연스럽게 주님의 몸 된 교회로 함께 성장해 가고 있다. 이제는 누군가가 와서 누가 탈북민 성도인지를 묻는 것이 어색할 정도가 되었다. 그러한 구별 자체가 이미 사라진 공동체가 되었다는 사실이 참으로 신기하고 감사할 뿐이다.

　끝으로 2012년 말의 그런 상황이 다시 일어난다면, 나는 주님에게 이런 말씀을 드리고 싶다. "주님, 이제 저뿐만 아니라 이 책을 읽는 자에게도 이렇게 말씀해 주십시오. '네가 이것을 듣고 읽었으니 이제 네가 하라'라고 말입니다."

제5부

남북통합목회의 새로운 물결

지금까지 한국교회 내의 탈북민 부서 사역과 탈북민 목회자 및 남한 목회자가 하는 남북통합목회에 대하여 살펴보았다. 국내 탈북민 사역이 시작된 지 20여 년이 넘어가지만 진정한 남북통합목회가 시작된 지는 10년이 채 되지 않는다. 이제 막 걸음마를 시작하며 시행착오를 경험하는 남북통합목회에 대하여 현 단계에서 종합적 평가를 내리기는 어렵다. 그러나 인터뷰를 진행하는 가운데 대부분의 목회자들이 남북통합목회가 힘들고 어렵지만 스스로 매우 의미 있는 사역을 하고 있으며, 누군가는 꼭 가야 하는 길을 간다는 자부심을 공통적으로 가지고 있음을 확인할 수 있었다. 한 탈북민 목회자의 말을 빌리면 "남한교회가 알아주지 않지만 누군가는 해야 하는 일을 우리가 하는 것"으로 보고 있다. 남북통합목회를 하는 어떤 남한 목회자는 다음과 같이 말한다.

"이 사역을 하면서 지금까지 해온 일들을 다 말하자면 몇 날 며칠이 걸릴 것입니다. 씨를 뿌리면 떠나고 씨를 뿌리면 떠납니다. 성경에서 바울처럼 나는 뿌리는 자이지만 거두시는 분은 하나님이십니다. 지금 코로나로 더 어렵지만 잘 해왔고, 앞으로 헤쳐나가길 소원합니다."

남북통합목회를 해내는 목회자들이 사역에 대한 사명감과 자부심을 가지고 있다는 것은 그만큼 이 사역의 미래가 밝다고 볼 수 있는 표지다. 그러나 동시에 여전히 해결해야 할 적지 않은 과제들이 있다. 제5부에서는 한국교회 내 탈북민 부서 사역의 과제와 남북통합목회를 하는 공동체가 풀어가야 할 과제로 내적 과제와 외적 과제를 정리해 보고자 한다.

1

남북통합목회의 새로운 물결: 과제와 미래

한국교회 내 탈북민 부서 사역의 과제

먼저 한국교회 내 탈북민 부서가 나아가야 할 방향을 살펴보자. 앞서 제3부에서 다뤘던 한국교회 내의 탈북민 부서는 남북통합목회가 이루어지는 하나의 중요한 장으로 기능한다. 물론 아직 남북통합목회의 모습이 구현되기보다는 남한 사람이 주도하는 일방적 모임에 머무를 때도 있다. 그러나 교회 내 탈북민 부서 사역은 탈북민 목회자나 남한 목회자가 목회하는 탈북민교회와 더불어 남북통합목회가 꽃피우는 현장이 되도록 끊임없이 노력해야 할 것이다.

여기서는 앞서 다루었던 선교적 교회론과 접촉 이론에 기반을 두면서 먼저 한국교회 내 탈북민 부서 사역의 과제와 방향을 제시하고자 한다. 결론부터 말하자면, 탈북민 부서 사역은 선교적 교회론에 입각하여 교회의 온 구성원이 끊임없이 '선교적 정체성'을 가지는 구심점이 되어야 하며, 복음에 토대를 둔 '접촉' 모델을 적극적으로 개발함으로써 남북통합목회를 지향해야 한다는 점이다. 이 때 탈북민 부서 사역의 목표는 양방향으로 진행해야 한다. 먼저 내부적으로는 탈북민 부서를 섬기는 탈북민 성도와 남한 성도를 중심으로 견고한 신앙 공동체를 세워가는 것이고, 외부적으로는 탈북민 부서를 넘어 교회 전체 성도들과 다면적 접촉의 확대를 통하여 하나의 통합된 공동체를 이뤄가는 것이다.

함께 예배하는 공동체

한국교회 내 탈북민 부서 공동체의 가장 중요한 과제는 '예배'에 있다. 예배는 하나님 앞에 단독자로 서는 시간인 동시에 여럿이 모여 하나의 공동체로 하나님 앞에 서는 시간이다. 탈북민 부서 공동체는 남한 성도와 탈북민 성도가 '함께 예배'하는 공동체가 되어야 한다. 각자 다른 배경을 가진 이들이 하나님 앞에 예배자로 함께 설 때에 서로를 차별하던 세상적 기준들이 철폐되는 것이다. 함께 드리는 예배는 죄인이자 하나님의 은혜를 입은 하나님의 자녀로서 남북의 모든 성도들이 공통의 정체성을 확인하는 통로가 되는 것이다. 따라서 탈북민 부서 공동체가 함께 예배하는 공동체가 되는 것이야말로 가장 우선적인 목표가 되어야 한다. 앞서 '공통의 목표를 추구할 때' 상호 간의 편견이 완화되고 유대감이 강화된다고 했던 올포트의 접촉 이론대로 하나님을 향한 예배라는 공통의 목표를 추구는 남북한 성도들의 하나 됨을 만들어 가는 중요한 통로가 된다는 사실을 기억해야 한다.[115]

정착 초기에 있는 대부분의 탈북민에게 교회는 다른 탈북민과의 만남을 제공하는 공간으로 기능할 때가 많다. 예배는 무신론적인 사회주의 국가에서 평생 살아온 이들에게 낯설고 지루한 경험으로 다가오기도 한다. 그럼에도 불구하고, 예배는 탈북민 부서에 있어서 공동체의 정체성과 방향성을 결정하는 가장 중요한 시간임을 잊어서는 안 된다. 이를 위해서 예배 가운데 남북한의 성도가 함께 하나님 앞에 예배자로 설 수 있도록 세심한 노력을 기울여야 한다. 탈북민이 출석하는 교회의 경우 통일과 북한에 대한 관심 확대와 배려, 그리고 탈북민이 좀 더 쉽게 이해하고 공감할 수 있는 메시지가 선포되는 것이 중요하다. 주일예배의 대표 기도에도 통일과 북한을 위한 기도를 자주 포함하는 것은 탈북민 성도를 위한 작지만 중요한 배려다. 이를 통해서 탈북민 성도들이 예배 가운데 하나님께 자신의 마음을 더 열어놓을 수 있도록 도와야 할 것이다.

일부 교회에서는 예배에 참석하는 탈북민에게 거창한 선교적 사명으로 중압감을 주기도 한다. 그러나 탈북민에게 통일 및 선교에 대한 역할을 강조하는 것은 자칫 이들을 도구적으로 접근하는 인상을 준다. 물론 언젠가 이들이 예배를 통하여 자기 인생의 사명을 한반도를 향한 하나님의 뜻 안에서 발견하게 될 것이라 믿는다. 하지만 이는 목회자 나 남한 성도들이 일방적으로 강요해서 되는 사안이 아니다. 더 중요한 것은 남북한 성도 모두가 함께 하나님 앞에 하나님의 사랑을 받은 자녀이자 예배자로, 즉 동일한 선상 위에 서는 것이다.

수평적 환대의 공동체

한국교회 내 탈북민 부서의 두 번째 과제는 '공동체 내 관계'에 대한 부분이다. 탈북민 부서 공동체는 하나님께 예배를 드리는 공동체인 동시에 예배를 통하여 서로 하나가 되는 공동체가 되어야 한다. 서로 다른 이들이 하나의 공동체를 이루는 기본 조건은 구성원들 간의 동등한 만남에 있다. 올포트는 접촉 이론을 통해 동등한 관계의 중요성을 강조하였다.[116] 서로 다른 두 집단이 건강한 공동체를 만드는 데에 있어서 관건은 '각 집단의 구성원들이 얼마나 대등하게 서로 만날 수 있는가'에 있다. 그런데 탈북민 성도와 남한 성도들이 만났을 때 수평적 관계를 갖는 것이 참 힘들 때가 많다. 한 사역자는 다음과 같이 토로한다.

"기본적으로 우리의 공동체를 가지고 다른 공동체랑 잘 교류하면 좋겠는데, 이 교류에 탈북민 공동체가 어떤 어려움이 있느냐 하면, 소위 교회 내의 다른 공동체들끼리는 교류가 꽤 괜찮아요. 대등하게 만나거든요. 대학부와 청년부든. [그들끼리는] 상하가 없는 상태에서 만나게 되는데, 탈북민 공동체를 대하는 다른 공동체의 인식은 '우리가 돌봐줘야 해… 우리가 제공해줘야 해…. 우리가 저들의 필요를 채워줘야 해. 오, 너무 안됐어. 고향도 가족도…' 이런 접근이 되면, 결국 안 만나죠."

탈북민을 동정하고 도와줘야 할 대상이라고 쉽게 간주하는 태도는 탈북민 성도와 남한 성도 간에 수평적 관계를 만들어 가기 어렵게 만든다. 이러한 동등한 관계를 이루기 위해서는 '환대'의 관점에서 서로를 향한 관점을 재조정할 필요가 있다. 환대(hospitality)란 손님을 반갑게 맞이하고 정성껏 후하게 대접하는 것을 의미한다. 이를 주인인 남한 성도가 손님인 탈북민 성도를 맞이해서 환대하는 개념으로 이해해서는 안 된다. 그 경우에 남한 성도는 일방적으로 환대를 베푸는 주체가 되고, 탈북민 성도는 환대와 도움을 받는 객체로 한정되기 때문이다. '환대의 선교'의 시각에서 환대는 근본적으로 하나님의 사건으로 이해되어야 한다.[117] 이 말은 하나님께서 환대의 주체이시기에 남한 성도는 환대를 베푸는 주인이 아니며 탈북민 성도와 마찬가지로 하나님의 환대를 받는 대상임을 의미한다. 남한 성도와 탈북민 성도가 함께 환대의 대상이 되어 하나님께서 베푸시는 잔치에 동등하게 참여하는 것이다. 다만 남한 성도는 하나님의 환대를 조금 먼저 경험한 존재로서 탈북민 성도와 함께 나아가는 역할이 주어진 것이다. 이에 따라 남한 성도의 사명은 탈북민과 함께 '동행'하는 데에 있음을 기억해야 할 것이다. 그리고 이 동행의 여정 속에서 남한 성도와 탈북민 성도가 일방적 변화가 아닌 상호 변화와 영적 성숙을 경험해야 하는 것이다. 이런 면에서 탈북민 부서 사역은 교회 전체의 변화와 성숙이 동반될 때 보다 건강하게 자리 잡을 가능성이 크다. 탈북민 사역 부서 자체의 지속적 변화와 성장도 필요하지만, 이들을 온전히 환대하며 품어낼 수 있을 만큼 교회가 전체적으로 성숙하고 포용적인 문화를 가졌는지 여부도 중요하다.

이러한 환대의 선교에서 중요한 하나의 태도는 '받아들임'이다. 탈북민 성도와 함께하는 교회 공동체가 서로의 '다름'을 인정하며 품는 문화적 토양을 구비해야 한다. 많은 교회가 저지르는 실수가 기독교 신앙의 이름으로 '남한적 가치'를 탈북민에게 강요하는 것이다. 탈북민이 가지고 있는 북한 문화를 제거하고 남한 문화를 정답으로 강요하는 것은 '폭력'이다. 그러므로 교회 안에 문화적 다양성에 대한 이해와 이질적 요소에 대한 수용성이 확대되어야 한다. 이는 하충엽이 말한 '통이統異 공동체'의 개념과 같은 것으로, 이는 서로의 다름 가운데 일치를 추구하는 것을 의미한다.[118] 탈북민 부서 사역은 서로 다른 문화와 정체성을 인정하고 존중하는 포용성의 바탕 위에서 통일을 추구하는 '통이 공동체'가 되어야 하는 과제를 안고 있다.

연결(connect)하는 통로 공동체

한국교회 내 탈북민 부서의 세 번째 과제는 '공동체의 역할'에 대한 부분이다. 탈북민 부서 사역의 가장 중요한 역할 중 하나는 바로 '연결'이다. '연결하는 통로'로서 탈북민 부서의 역할은 크게 두 가지다. 첫째, 탈북민 부서 공동체는 탈북민 성도를 또 다른 탈북민 성도와 연결해야 한다. 탈북민 부서는 탈북민의, 탈북민에 의한, 탈북민을 위한 공동체가 되어야 한다. 사회적으로 소수 집단에 속한 사람은 안전한 공동체를 향한 갈망이 있다. 이때의 안전은 자신에게 익숙한 사람과 문화, 환경을 의미한다. 그런 면에서 교회 내에 탈북민들을 위한 부서와 공동체를 만들어 가는 것은 의미 있는 사역이다. 한 남한 사역자는 탈북민 중심으로 이뤄진 공동체의 필요성을 다음과 같이 강조한다.

> "공동체는 필요해요. [공동체가 탈북민으로 모이는] 울타리도 필요하다고 봐요. 굉장히 유연성을 가진 울타리였으면 좋겠어요. 뒤집어 놓고 생각하면 이민 가면 한인교회들, 유학생들이 한인교회의 도움과 영향을 받는데 그것과 크게 다르지 않다고 봐요. 북한이라는 문화 가운데 살아오셔서 같은 문화를 공유했던 기억, 음식, 고향 말, 그분들만이 공유하고 있는 부분들이 공동체 안에서는 필요해요. 남한 사회에서는 공유될 수 없는 부분들은 탈북민 공동체의

중요한 부분인 것 같아요."

이같이 탈북민들은 낯선 남한 사회에서 편안한 쉼의 장이 필요하다는 의견을 피력한다. 그렇다면, 한국교회 내 탈북민 부서는 탈북민의 공동체이자 탈북민을 위한 공동체가 되어야 할 것이다.

둘째, 탈북민 부서 공동체는 탈북민과 남한 성도를 연결하는 통로가 되어야 한다. 이는 교회 전체가 예수 그리스도의 몸 된 지체를 함께 이뤄가는 부분에 있어서 필수 요소다. 먼저 탈북민 부서 내에서 탈북민 성도와 남한 성도가 연결되어 공동체를 이뤄야 한다. '작은 통일'의 과정에 해당한다. 이때 상호 간에 내재된 편견을 다양한 접촉 경험을 통하여 극복해 가는 과정이 필요하다. 문제는 탈북민 부서가 어떤 방식으로 교회 내 다른 부서와 연계되는가에 있다. 탈북민 부서 공동체가 교회의 기존 공동체로부터 '분리' 혹은 '고립'되는 방식으로 존재하면 교회 전체의 건강성을 해치게 된다. 올포트는 "분리는 집단의 가시성을 현저히 키운다. 분리는 해당 집단을 실제보다 크고 해로운 것으로 보이게 만든다"라고 지적한다.[119] 따라서 탈북민 부서가 구분되어 있되, 교회 전체와 끊임없이 접촉과 교제와 인원의 교환이 일어나는 구조를 만들어야 한다. 그리고 궁극적으로 온전히 통합된 교회 공동체를 지향해야 한다. 이런 면에서 연구 대상 중 몇몇 교회는 이 부분이 매우 취약하였다. 예컨대, 한 교회의 경우 탈북민은 교회 내 섬처럼 고립되어 있었다. 탈북민 부서가 완전히 독립된 예배 부서로 되어 있고, 이 부서에 참석하는 탈북민은 대예배를 보통 드리지 않는다. 따라서 탈북민 성도들은 부서 내부에서 섬기는 남한 성도 외에 부서 밖의 남한 성도와 만나고 교제를 나눌 수 있는 기회가 거의 없다. 교회 전체의 양육 시스템 안에도 연결되어 있지 않고, 교회 행사에도 매우 제한적으로만 참여한다.[120]

반면에, 몇몇 교회는 탈북민 부서가 고립되지 않기 위해 다양한 노력을 경주하는 좋은 예를 보여주었다. 한 교회는 별도의 탈북민 부서가 있지만, 교회 내 일반 성경공부 부서나 교회 전체 차원에서 이뤄지는 공식적인 제자훈련 프로그램에 탈북민 성도들을 적극적으로 참여시켰다. 탈북민 부서 모임과 교구 모임이 겹칠 경우 최대한 시간 조율을 하되, 조정이 어려울 경우에는 교구 모임에 더 우선순위를 두어 참여하도록 격려하였다. 이에 탈북민 부서가 교회 내 다른 조직 및 사역들과 유기적으로 연결되어 진행된다는 느낌을 받을 수 있었다. 즉 교회 전체 공동체로서의 정체성이 탈북민 공동체의 정체성보다 앞서도록 하는 것이다. 마찬가지로 탈북 청년들이 탈북민 부서보다는 남한 청년들이 모인 청년부에 우선적으로 참여하도록 격려하고 있었다. 사실 이러한 부분은 탈북민 부서 자체의 원칙이라기보다는 교회 전체 토양의 문제다. 탈북민 부서를 떠나 교회 내 교구나 양육 프로그램에 탈북민 성도들이 적극적으로 참여하기 위해서는 교회 성도들 안에 포용력 있는 문화가 전반적으로 형성되어 있어야 한다. 이 교회의 경우, 교회 전체적으로 인원의 순환이 많고 서로 다양한 사역을 접하게 함으로써 어느 성도들도 자리 잡고 텃세를 부리기 어렵게 된다. 따라서 새로 온 탈북민 성도가 남한 성도 사이에 어색하게 끼여있지 않고 계속해서 새로운 구성원이 교회 내 각 팀과 공동체를 형성해 가는 문화가 자리 잡혀 있다고 한다.

일반적으로 탈북민과 탈북민을 연결하는 첫 번째 통로 역할에 대해서는 교회들이 관심을 기울이지만, 탈북민 성도를 교회 내 남한 성도와 연결하는 두 번째 통로 역할에 충분히 주의를 기울이지 못할 때가 많다. 교회 안에 탈북민 부서를 만들고, 그들에게 공간을 내어주는 것만으로는 근본적인 변화를 가져오지 못한다. 같은 건물에서 예배하는 것은 가장 기본조건일 뿐 그 자체가 공동체를 이뤄가는 충분조건은 아니다. 탈북민 부서 공동체는 반드시 교회 전체와의 유기적 연결성을 갖는 데에 큰 관심과 노력을 기울임으로써 교회 안 외딴 섬이 되지 않게끔 해야 한다. 이러한 변화를 위해서는 올포트가 제안한 대로 서로 간에 접촉 기회를 구조적으로 제공하는 방안을 모색할 필요가 있다. 한 탈북민 부서 사역자는 다음과 같이 탈북민 부서가 교회 내 다른 부서 및 성도들과 교류하는 것의 중요성을 언급한다.

"여기서 다른 곳과 교류하는 게 중요하다고 생각하거든요. […] 어차피 교회 조직은 다 작은 공동체로 구성되어 있으니 다른 공동체와 얼마나 유연함을 갖느냐 얼마나 잘 섞일 수 있느냐가 문제인데, 이것은 기회와 장소를 계속 제공해야 한다고 봐요. 처음에는 의도적인 제공이죠. 계속해서 장년그룹이 있다고 하면 거창한 것이 아니라 여선교회나 남선교회 등 이쪽과 서로 대면식하고 고정적으로 만나서 차를 마시든 기도를 하든 서로 노출되는 빈도가 많아야 될 것 같아요."

이렇듯 탈북민 부서가 교회의 다른 부서 및 전체 성도들과 절연되지 않도록 끊임없이 접촉의 기회를 제공하고 접촉의 공간을 만들어 가야 한다. 더 나아가서 근본적으로 교회 전체의 문화가 변화되고 모든 성도들이 선교적 마인드로 전환되어야 한다. 이는 선교적 교회로 교회의 중심적 방향성이 재편되어야 하는 이유기도 하다. 선교적 교회 이해에 따라 탈북민 부서 사역이 교회 성도의 일부만 관여하는 사역이 아니라 교회 전체의 선교적 정체성과 사명을 견인하는 핵심 현장이라는 공감대가 있어야 한다. 선교적 정체성을 바탕으로 다른 문화에 대한 수용과 선교적 일상의 삶이 전반적으로 공유되는 부분은 남한교회 내에 고립된 탈북민 부서 사역의 한계를 극복하는 중요한 통로가 될 것이다.[121]

탈북민의 리더십을 세우는 공동체

한국교회 내 탈북민 부서의 네 번째 과제는 '공동체 내 리더십'과 연관되어 있다. 앞서 탈북민 부서는 탈북민의 공동체이자, 탈북민을 위한 공동체가 되어야 한다고 하였다. 이와 함께 탈북민 부서는 탈북민에 '의한' 공동체가 되어야 한다. 탈북민을 단지 교회의 구제나 선교 대상으로만 보면 성장과 성숙은 나타나기 어렵다. 교회에서 이들을 교회 공동체를 함께 세워가는 동역자이자 공동체의 일원으로 바라보는 관점이 있어야 한다. 동역을 하는 데에 있어서 핵심은 '신뢰'에 있다. 상대방을 믿고 리더십을 맡기는 것이다. 이런 면에서 탈북민 부서 사역의 중요한 목표 중 하나는 탈북민 리더와 임원, 제직을 세워가는 데에 있다. 아직은 부족한 부분이 있더라도 남한 성도와 동등한 위치에서 사역할 수 있는 기회를 꾸준히 제공하고, 리더십을 발휘할 수 있는 기회를 적극적으로 주어야 한다. 한 교회 내 탈북민 부서에서 탈북민 리더십이 어떠한 모습으로 세워져 있는가는 그 교회의 탈북민 부서 사역의 열매를 보는 중요한 척도가 된다.

연구 대상 중 몇몇 교회는 탈북민 부서 내에 탈북민 중심으로 다양한 리더십을 세워간 반면에 어떤 교회는 수십 명의 탈북민 성도가 있음에도 불구하고 탈북민 리더십을 거의 세우지 못한 채 남한 성도들이 모든 리더십 위치에 있는 대조적인 모습이 나타나기도 하였다. 중요 임원과 소그룹 인도를 다 남한 성도들이 담당하고 있으며, 탈북민은 철저하게 수동적 위치에 머무르고 있었다. 이에 따라 청년들은 교회 안에서 자리를 못 잡고 지속적으로 떠나갔다.

"[탈북민] 청년들이 설 자리가 없어요. 교사는 다 남한 사람이고. 이 친구들을 리더그룹으로 성장시키지 못한 부분이 크죠. … 탈북민 리더십에 대해서 남한 리더십들이 불편해해요. 한 남자 집사님 계셨는데, 전도폭발도 받고, 교사도 하고 싶어 하시고 … 그런데, [남한분이] 가르쳤던 분이 어떤 리더십이 되는 데 있어서 … 성품적인 부분이 많이 거칠다거나 많이 자기중심적이고 강압적인 부분이 있는데, 기존의 남한 교사리더십 그룹이 이분의 리더십이 세워지는 것에 늘 의문을 가져서. … 성품적으로 다듬어진 분이 아니시면 리더십을 세워주는 분위기는 아니었어요. 북한 출신의 리더십이 없다 보니깐 계속 세워지기 어렵게 되었고요."

반면에 한 교회는 탈북민 부서의 임원진을 대부분 탈북민으로 세웠다. 남한 성도는 이들이 리더십을 잘 발휘할 수 있도록 철저히 보조적 위치에서 섬김을 하고 있었다.

"저희 교회는 모든 소그룹 리더들이 다 탈북민 혹은 중향민입니다. 남한 성도들은 부리더로 있습니다. 10명의 임원도 8명의 탈북민과 2명의 중국 동포(조선족)가 담당하고 있어요 … [남한 성도들은] 지원사격만 하시고 빠져계십니다."

그러나 이 교회의 경우에도 탈북민 리더십을 세워가는 과정이 많은 인내의 과정이 필요했음을 인정한다.

"저희도 착오가 있었어요. ○○부장을 시키면 열심 때문에 남의 사역을 넘나들고 편향된 사랑을 자꾸 돌출하셔서 다른 사람을 임의대로 지원하시는 때도 있었는데, 그런 부분이 신앙적으로도 많이 극복이 된 것 같습니다. 주변에서 그렇게 신앙 훈련을 받아오면서 경제적으로 가정에서도 호되게 경험하게 하시고… 무엇이든지 공동체와 의논하고 합의된 점을 공유를 하고 그래서 건강해진 측면이 있는 것 같아요."

선교사들이 현지 리더십을 세워주듯이 교회 내 탈북민 부서 안에서도 탈북민 리더십을 의도적으로 지향해야 한다. 조사해 본 바로 전체 일곱 교회 중에 탈북민 부서를 담당하는 교역자가 탈북민 목회자인 경우는 두 교회였는데, 이와 같이 탈북민 목회자의 리더십을 키워가는 것도 탈북민 사역에 있어서 장기적으로 매우 중요한 요소이다. 흥미롭게도 올포트는 직업상 접촉이라는 접촉의 유형에서 상하 지위 관계가 연동된 접촉의 문제를 다룬다. 그에 의하면, 동등한 지위 혹은 더 높은 지위에 있는 다른 집단의 성원과 접촉하는 경험도 편견을 효과적으로 줄인다고 말한다.[122] 탈북민 리더십이 세워지고 남한 성도들이 그들과 함께 동역하는 경험 그리고 그들의 리더십의 영향을 받는 경험 그 자체는 서로의 편견을 줄이며 건강한 공동체를 이뤄가는 중요한 통로가 될 것으로 기대할 수 있다. 탈북민 목회자 혹은 성도의 리더십의 부족함에 대해서는 하나님을 신뢰하는 마음으로 동역하는 자세가 필요하다. 고린도전서 3장 6-7절에서 언급한 대로 근본적으로 하나님께서 믿음의 열매를 이뤄가시는 분이심을 신뢰해야 할 것이다.

"나는 심었고 아볼로는 물을 주었으되 오직 하나님께서 자라나게 하셨나니 그런즉 심는 이나 물 주는 이는 아무 것도 아니로되 오직 자라게 하시는 이는 하나님뿐이니라." 고전 3:6-7

결론적으로 탈북민 부서는 남북통합목회의 현장으로서 남한 성도와 탈북민 성도가 수평적 만남을 가지며 하나님의 환대를 향하여 함께 동행하며 나아가는 공동체가 되어야 할 것이다. 무엇보다도 교회 전체가 선교적 교회로 전환되어야 하는데, 이는 탈북민 사역이 교회 사역의 한 특수한 부분으로 제한되는 것이 아니라 전체 교회의 사역을 선교적으로 추동하는 소중한 현장으로 인식되는 것을 의미한다. 탈북민 부서에 참여하는 남한 성도뿐만 아니라 교회 전체 성도 가운데 다양성을 인정하는 공존과 평화, 비차별적 태도가 배양되고, 또 이를 위한 장기적 교육과 접촉의 공간이 제공되어야 하는 것이다.

2

남북통합목회의 내적 과제와 외적 과제는 무엇인가?

내적 과제

남북통합목회를 하는 교회의 내적 과제 중에서 핵심 부분은 '그 공동체의 문화를 어떤 모습으로 만들어 나갈 것인가'이다. 남북통합목회는 남한 문화나 북한 문화 중 하나에 국한되는 것을 넘어서 새로운 문화를 만들어가는 임상의 장이 되어야 한다. 그 새로운 문화는 어떠한 모습을 가져야 할지에 대하여 성경적 세계관에 비춰 두 가지를 제안하고자 한다.

첫째로 남북통합목회를 지향하는 교회는 따뜻하고 포용적 문화를 만들어 가야 한다. 따뜻하고 포용적 문화란 서로를 함부로 정죄하지 않는 문화요 8:11에서 시작한다. 남북통합목회를 하는 교회는 서로의 다름을 인정하고 품어주는 공동체를 지향해야 한다. 특별히 남과 북의 다른 문화가 사랑 안에서 연결되고 서로를 배려하며 이해하는 공동체가 되어야 할 것이다.

둘째로 남과 북의 두 문화가 대립하기보다는 서로의 장점을 살리고, 서로의 에너지가 선교적 문화로 분출되도록 해야 한다. 이러한 모습의 성경적 모델은 사도행전 11장부터 등장하는 안디옥교회에서 찾을 수 있다. 안디옥교회는 유대인과 이방인의 이질적 문화가 복음 안에서 만나는 현장이었고 그 만남은 사도행전 13장에서 바울과 바나바를 선교사로 파송하는 선교적 에너지로 나타난다.

궁극적으로 남북통합목회 공동체는 향후 북한에 세워질 교회의 모델을 지향한다. 북녘에 세워지는 교회는 단지 북한 주민만을 위한 교회가 아니라 남한 주민을 포함하여 한인 디아스포라와 주변 나라까지 품는 글로벌한 교회로 나아가야 한다. 이때 90년대 한국교회 안에 나름의 반향을 일으켰던 '북한교회재건운동'의 근본정신은 계승하되, 단순히 분단 이전과 동일한 교회를 세우는 방식의 북한교회 세우기가 되어서는 안 될 것이다.[123] 현재 북한 땅에는 과거 존재하던 교회들은 더 이상 없으며, 향후 북한교회를 세우는 주체들도 한민족의 테두리에 갇혀 있지 않을 것이다. 북한에 세워질 교회는 먼저 중국을, 나아가 전 세계를 품는 선교적 교회로 자라가야 한다. 남한 내 남북통합목회를 하는 교회 중에는 남북 성도만이 아니라 디아스포라 한인, 더 나아가 외국인까지 함께 출석하는 교회 공동체들이 있다. 한 남한 목회자는 다음과 같이 말했다.

"탈북민들이 남한 사람과는 사회적 신분의 차이를 느끼다 보니 교감하기가 어려운데 교회에 출석하는 외국인 노동자들과는 동병상련의 감정을 느껴서인지 더 잘 챙겨주면서 교제한다."[124]

비슷한 맥락에서 한 탈북민 목회자도 "몽골 청년이 교회 나오는데 그 교회가 남북 구분이 없어서 그런지 몽골 청년이 와도 크게 신경 쓰지 않아서 편하게 교회를 출석한다"라고 고백한다.[125] 이런 면에서 남북통합목회를 하는 교회 공동체는 단지 남북한의 문화가 아닌 글로벌한 선교적 교회로 성숙해 가야 한다.

남북통합목회의 또 다른 내적 과제는 남북통합목회 사역을 제대로 이해하고 수행하는 사역자를 계속적으로 세워야 한다는 점이다. 이러한 사역을 감당할 수 있는 일차 사역자는 탈북민교회를 목회하는 탈북민 목회자들이다. 이들이 개척한 탈북민교회는 탈북민 중심의 교회에서 자연스럽게 남북통합목회를 지향하며 변환될 수 있기에 남북통합목회의 가치와 비전을 지속적으로 나눌 필요가 있다. 또 다른 사역자 부류는 남한 출신 목회자들이다. 현실적으로 남한 목회자가 남북통합목회 교회를 개척하는 것은 쉽지 않다. 실제로 2010년대 중반 이후로 남한 목회자가 탈북민교회를 개척하는 경우는 거의 사라졌지만, 남한목회자들이 이 일을 감당하지 않으면 향후 북한에 세워질 수많은 교회에 필요한 남북통합목회 경험이 있는 사역자들을 준비할 수 없다. 특별히 북한선교를 마음에 품고 있는 헌신자들 가운데서 나와야 한다. 이들이 탈북민 사역에 동참해서 탈북민을 매개로 북한 주민을 이해하고 북한선교의 비전을 놓치지 말고 지속적으로 개발할 수 있도록 해야 한다. 남한의 헌신자들이 탈북민 사역에 참여할 수 있는 길은 탈북민교회에 출석하거나 탈북민 사역현장(탈북민 대안학교, 하나센터, 탈북민 취업과 창업 사역 등)을 방문하는 데에서부터 시작한다. 이를 위해 탈북민교회와 탈북민 사역단체들이 문을 열어 이들에게 동역의 기회를 많이 제공해야 할 것이다.

외적 과제

향후 북한에 교회를 세우기 위해서는 각 교단마다 북한교회를 세울 목회자들을 양성해야 한다. 현재 각 교단별로 북한에 교회를 어떻게 세울지에 대한 큰 그림과 구체적 계획은 마련되지 않은 것으로 파악된다. 한국교회는 통일선교라는 거대 담론하에서 이러한 방도를 준비해 가야 한다. 이를 위해서는 각 교단별 북한교회를 세울 목회자 선발과 양성 기준과 교육체계를 만들어야 한다. 이는 정책적 준비와 함께 실제 사역자를 준비해야 하는 과제를 가진다. 이러한 맥락에서 남북통합목회 교회는 북한교회를 세울 사역자를 준비하는 과정으로 바라봐야 할 것이다.

크게 볼 때, 기존 한국교회의 통일선교는 대북 교류를 통한 간접선교와 직접복음전파로 나눌 수 있다. 그러나 이 두 접근 방법으로는 북한에 교회를 어떻게 세울지에 대해 구체적으로 준비하기 어렵다. 이제부터라도 한국교회의 통일선교는 북한에 교회를 세우는 방식으로서 준비되어야 한다. 물론 여기에는 구체적으로 어떤 형태의 교회이어야 하는지에 대한 논의가 필요하다. 각 교단은 현재 남한 땅에서 일어나고 있는 두 가지 형태의 북한을 품는 교회, 즉 탈북민 교회와 남북통합목회하는 교회를 키워가는 방식으로 미래의 북한교회 세우기를 준비해야 한다. 특히 신학교에서는 통일선교에 대한 전반적 교육을 실시하고 그 안에 남북통합목회의 가치를 함께 가르칠 수 있는 교과과정을 마련하며, 교단 내 미래 북한교회사역자 양성을 위한 정책을 마련해 가야 할 것이다.

또한 현재 각 교단에 속한 남북통합목회 공동체를 교단별로 연결하여 통일선교의 모판 교회로서 후원하고 지원하는 시스템을 갖추어야 한다. 현재는 목회자 개인의 사명으로 받아들여 고군분투하는데, 이를 교단 차원에서 연계하여 인적, 물적 지원과 네트워크를 형성해 가야 한다.

마지막으로 각 교단별 통일선교정책이 마련되려면 교단 내에 통일선교정책을 하나로 모으는 기구적 준비가 필요하다. 교단총회본부와 선교본부, 그리고 신학교가 함께 연합하여 각 교단의 북한을 위한 선교정책과 교회 세우기 정책을 일원화해야 한다. 그래야 향후 북한의 문이 열렸을 때 각 교단은 일원화된 정책을 가지고 북한으로 진출할 수 있기 때문이다. 이와 같이 교단별 정책이 마련된 후에는 교단 간의 연합이 필수적이다. 기존에는 한국교회라는 이름으로 북한선교를 해왔지만 정작 각 교단 안에서 의미 있고 영향력 있는 정책이 나오지 못하였다. 이제 교단별로 정책을 준비하고 교단과 교단 간의 연합을 통해서 실효적인 연합정책이 나오기를 기대한다.

3
남북통합목회의 미래 단계별 준비 계획은 무엇인가?

남북통합목회의 미래 단계별 준비 계획

　한국사회는 남북한 통일이 우리 민족의 최고 가치라고 여기며 분단 이후 통일을 위한 노력을 오랫동안 경주해 왔다. 그러나 이러한 통일지상주의는 서로 다른 체제를 가진 남북이 지금까지 반목하며 서로를 인정하지 못하게 하는 근본 요인이 되기도 했다. 이런 점에서 당장의 통일보다는 서로의 다름을 인정하고 여러 가지 모습을 존중하며 함께 통합되어 가는 것이 더 중요한 과제로 떠오르고 있다. 남북통합목회도 그 고민의 일환이며 오늘날 한국교회 내에서 자연스럽게 일어나는 목회적 현상이다. 그러나 통합을 강조한다고 통일을 배제하거나 포기한다는 것은 결코 아니다. 통합의 원리를 지속적으로 추구하다 보면 언젠가 남북이 자연스럽게 통일되어 하나로 연결될 수 있을 것이다. 남북통합목회는 현 분단체제하의 북한 땅에서 당장 시도할 수는 없다. 하지만, 언젠가 북한이 열렸을 때 이러한 목회가 북한 현지 주민들과 함께 나눠지는 날을 소망하며 준비해야 한다. 그렇다면 그

날은 어떻게 오며 그때에는 남북통합목회가 어떻게 펼쳐져야 할 것인지를 살펴보자.

남북평화교류시기 남북통합목회의 적용 가능성

남북한의 체제가 하나가 되는 정치적 통일을 이루기 이전에 먼저 서로의 체제를 인정하면서 상호 교류하는 시기를 상정할 수 있다. 남북한이 평화적으로 교류하는 모습을 당장 떠올리기는 쉽지 않다. 하지만 이는 이론적으로 반드시 가능한 시나리오이기 때문에 이때를 위해 치밀하게 미리 준비해야 한다.

남북통합목회의 관점에서 북한 주민을 대상으로 목회할 수 있는 목회자는 누구일까? 크게 세 유형의 목회자를 먼저 떠올릴 수 있다. 첫째는 탈북민 목회자이며, 둘째는 남한 목회자, 셋째는 북한에서 인정하는 공인교회 목회자. 이 셋 중에 탈북민 목회자는 남북평화교류시기에 북한에 가장 먼저 올라가기가 쉽지 않다. 북한의 체제가 유지되는 상황에서 이뤄지는 남북한 간 교류이기 때문에 북한 당국이 탈북민의 입국을 쉽게 허락하지 않을 가능성이 있다. 남한 목회자의 경우도 방북이 허용되거나 북한에서 목회활동을 하도록 공식적으로 허락받기 쉽지 않다. 북한체제의 근간을 흔들 수 있는 남한의 개신교 목회자의 활동을 제한할 것이다. 그렇다면 북한에서 인정받는 목회자가 남북통합목회를 할 수 있을까? 이 역시 어렵다. 북한 내 공인교회에 속한 목회자들은 남한교회와 남한 성도를 경험한 적 없고, 북한 당국 역시 그들에게 남한교회와의 접촉을 허락하지 않을 것이기 때문이다.

이런 측면에서 남북평화교류시기는 한반도의 평화로운 통일을 촉진시키는 과정일 수는 있으나, 남북통합목회의 관점에서 목회적으로 당장 문이 활짝 열리는 시기로 보기는 어렵다. 그러므로 한국교회는 이 시기에 북한에 교회를 세우는 직접선교나 직접목회 방식이 아닌 간접선교나 간접목회의 방식을 추구해야 한다. 여기에서 간접선교 또는 간접목회란 북한에 교회가 세워지는 외적 조건들을 만드는 행위를 의미한다. 언젠가 북한에 교회가 세워지려면 북한 당국을 설득하여 다음의 조건들을 충족시키는 것이 중요 선결과제가 될 것이다.

첫째, 북한 내에 종교의 자유가 보장되어야 한다. 그래야 교회가 세워지고, 그 교회를 섬길 목회자 양성기관도 세워질 수 있다. 당장 북한 전역에서 종교의 자유가 허락되기 힘들다면, 남북평화교류가 허락된 관내 지역, 예를 들어 나진선봉 내지는 원산경제특구 지역 내에서라도 종교의 자유가 시험적으로 허락되도록 해야 한다. 이 부분은 한국교회가 한국 정부에게 건의하여 북한에 제안하도록 해야 한다. 둘째, 북한 내에 교회가 지역사회의 중심 센터(community center) 역할을 할 수 있도록 도와야 한다. 교회가 각 지역과 마을에서 단순히 종교적 기능 외에도 북한 주민과 외부세계(남한과 전 세계)를 연결하는 매개체 역할을 할 때 북한 주민에게 신뢰를 줄 수 있다. 셋째, 남북한 목회자의 만남을 지속적으로 가져야 한다. 이로써 북한 목회자들이 기독교 복음에 대한 이해의 기반 위에서 교회 본연의 임무(복음전파, 예배 등의 목회활동)를 온전히 감당하도록 남북한 목회자들은 서로 교류를 나눠야 한다.

위의 조건들이 충족되어 북한에서 자유롭게 신앙을 가질 수 있는 날이 오면, 그때에는 남한 목회자들이 굳이 북한에 가지 않아도 북한 주민들 스스로가 신앙생활을 하며 그 안에서 목회자들이 자연히 세워질 가능성을 배제할 수 없다. 그럴 경우에 남한 목회자나 탈북민 목회자들의 역할은 미미할 수도 있다. 그러나 우리가 지향하는 남북통합목회가 반드시 목회자 중심이어야 할 당위성은 없다. 북한 지역 내에서의 남북통합목회에는 평신도의 적극적 참여가 절실하다. 남북평화교류시기에 목회자의 참여보다는 평신도 전문인 선교사로 북한을 방문하여 복음을 전하는 행위가 더 중요하다. 이러한 모습은 남북통합목회의 간접목회의 개념으로 이해할 수 있다. 남북한이 평화적으로 교류하기 시작하면 남한의 경제인과 사회, 문화, 교육, 의료, 과학 등 각 영역의 전문가 그룹이야말로 북한 사회에 더 가까이 접근하게 될 것이다. 이들 전문가 그룹의 일부로 그리스도인들이 북한에 함께 들어가기 전에 이들을 선교사로 준비시키는 역할을 남북통합목회 공동체에서 감당해야 한다. 북한에 올라갈 이들이 남북통합목회공동체를 통해 탈북민을 만나는 가운데 사전에 북한 주민에 대한 이해와 대응할 준비를 할 수 있다. 따라서 남북평화교류시기에 남북통합목회공동체의 역할은 평신도 전문인들을 북한선교사로 준비시키는 데에 있다. 이들이 북한에 들어가서 일터 선교사로 살아가는 자세와 방법을 훈련시켜 줄 수 있게 준비해야 한다. 이런 점에서 남북통합목회는 목회자와 평신도가 함께 북한 주민까지 품고 내다보며 이루어 가는 목회라고 할 수 있다.

북한 붕괴 및 흡수 통일을 대비하는 남북통합목회

북한 체제가 어떤 이유로든지 스스로 붕괴하여 남한에 흡수되는 방식으로 통일이 되는 가능성은 언제든지 열려있다. 그럴 경우에 남북통합목회는 어떻게 적용될 수 있을까? 이 경우에도 남북통합목회는 적용 가능한 목회의 모델이 될 수 있을까? 될 수 있다. 충분히 가능하다. 다음의 세 가지 목회적 주체를 살펴보면서 그 가능성을 탐색해 보자.

첫째, 탈북민 목회자가 북한에 올라가서 목회하는 경우다. 북한의 붕괴시 북한에 올라가서 가장 활발하게 교회를 개척하고 목회할 수 있는 그룹은 탈북민 목회자 그룹이다. 이들은 남한에서 경험한 남북통합목회를 자신들의 고향이나 기타 북한 내 지역에서 마음껏 펼칠 기회를 맞이하게 될 것이다. 그러나 이들이 교회를 세우는 일을 독점하도록 해서는 안 된다. 남북통합목회의 기본 원리는 남북한 사람이 함께 세워가는 일이기 때문이다. 탈북민 목회자들은 북한에 올라가 교회를 세우는 과정에서 그들이 속한 교단의 북한교회세우기 정책에 보조를 맞출 필요가 있다. 그리고 그 맥락에서 선봉대 역할을 해야 한다. 준비된 남한 목회자들과 팀을 이루거나 긴밀한 정책적 연합을 통해 북한 지역에 가급적 빨리 교회를 세워가야 한다.

둘째, 북한 붕괴 시에는 준비된 남한 목회자들이 최대한 빨리, 그리고 최대한 많이 올라가야 한다. 북한 전역에 세워지는 교회가 얼마가 될지는 아직까지 예측하긴 어렵지만, 이철신 목사는 12,500여 개의 교회가 기본적으로 필요하다고 제안한다.[126] 이 정도 규모를 현재의 탈북민 목회자 수로 맞추기는 턱없이 부족하다. 준비된 남한 목회자들이 반드시 많이 필요하다. 따라서 남북통합목회 공동체는 남한 목회자들을 준비시킬 수 있는 남북통합목회를 위한 임상의 장을 제공하여야 한다. 그리고 이들이 탈북민 목회자들과 함께 북한 지역에 교회 세우는 일에 연합해야 한다.

셋째, 북한의 지하교회 지도자들과 공식교회 목회자들이 있다. 북한의 지하교회 지도자들은 엄혹한 시기에 교회를 끝까지 지켜내고 믿음으로 고난을 통과한 자들이다. 이들의 신앙적 행위는 정말 귀하고 칭찬받을 만하다. 그러나 북한이 붕괴한다면, 이들의 역할이 변화될 것이다. 그동안 지하에서 숨어있던 교회들은 지상으로 올라오게 되고, 지하교회 지도자들에게는 신학적이고 목회적인 소양을 기르는 과정이 필요하게 될 것이다. 목회적 소양은 남북통합목회를 경험하고 준비된 목회자들과 함께 키워가고, 신학적 지식은 남한의 신학교 교수들을 통해서 전문 교육을 받아야 한다. 이런 면에서 남북통합목회는 향후 북한교회의 지도자들을 양성하는 신학적 훈련까지도 염두에 두어야 할 것이다.

북한의 공인교회(조선그리스도교연맹 소속 교회)는 북한의 붕괴 시 정통성 시비에 휘말릴 가능성이 크다. 대부분의 한국교회는 공인교회에 대해 양면적 입장을 가진다. 신학적으로나 신앙적으로 함께할 수 없다는 입장이지만, 현실적으로는 북한 당국과의 종교적 접촉 창구로서의 기능을 인정하는 입장이다. 그러나 북한이 붕괴하여 조선그리스도교연맹의 실제적 효용성이 사라지게 되면, 결국 한국교회가 각 교단의 신학적 정체성에 따라 그에 대한 평가와 입장을 정리하게 될 것이다. 이는 향후 한국교회의 신학적 지형도에 따라서 펼쳐질 일이다.

이상과 같이 남북통합목회는 북한의 붕괴 시에 조금 더 직접적이며 실제적으로 적용될 목회다. 물론 대부분의 한국교회가 남북통합목회를 준비하지 않아도 북한 붕괴 시에는 당장 북한에 올라가 교회를 세우려고 할 것이다. 그러나 '사람의 통일'을 목표로 하는 남북통합목회가 아닌 현재의 한국교회가 일방적으로 가서 선교하며 교회를 세울 경우, 북한 주민의 입장에서는 제국주의적 접근으로 비쳐질 가능성이 크다. 그러므로 북한 붕괴 시에도 북한 주민을 그리스도의 사랑으로 보듬고 그들의 문화를 존중하는 남북통합목회가 중요하고 유의미하다.

나가면서

지금까지 남북통합목회의 과제와 미래를 살펴보며 남북통합목회의 내적, 외적 과제들이 쌓여있음을 확인했다. 남북통합목회 공동체의 문화를 성경적 문화로 만들어 가기 위해서는 부단한 노력이 필요하다. 더 나아가 이를 견인할 사역자를 길러내는 것도 시대적 과제다. 현재 한국교회의 상황도 녹록치 않아서 미래에 닥쳐올 통일을 준비하는 목회자를 길러내는 일에 신경 쓸 여력이 없다고 생각할지도 모르겠다. 그러나 남북통합목회는 미래의 목회를 시작하여 차근차근 준비하는 사역이다. 따라서 위에서 제시한 공동체 문화를 만들어 가는 가운데, 더불어 목회자들도 준비시켜 나갈 수 있다.

남북통합목회의 미래는 매우 밝다. 그리고 한국교회는 이 길로 가야 한다. 유대인(남)만도 아니고, 헬라인(북)만도 아닌 '한 새 사람'엡 2:15을 이루어 갈 수 있는 건 오로지 복음뿐이기 때문이다. 향후 한반도에 어떤 미래가 펼쳐지더라도 한국교회는 복음 안에서 남한 주민과 북한 주민을 하나 되게 하는 목회 사역을 남북통합목회라는 이름으로 시행할 수 있다.

한국교회는 지금 기로에 서 있다. 이미 쇠퇴의 길로 들어섰다는 신호들이 여기저기 드러난다. 많은 부정적인 소리가 들리는 이 시대에, 통일은 하나님이 한국교회에게 주시는 새로운 기회(the second chance)다. 통일을 어떻게 맞이하느냐에 따라서 한국교회의 위기를 기회로 바꿀 수도 있고, 또한 교회는 목회라는 본질적 사역을 통하여 남북 간 사람의 통일을 이루는데 이바지할 수도 있다. 이는 통일 이전에도 필요하고, 통일 이후에는 더욱 절실해질 수밖에 없는 필수 요소다. 한국교회가 남북통합목회를 통하여 사람 간 통일을 이루어서 지금의 분단과 분절의 시대 속에서 다시금 일어나기를 간절히 소망한다.

미주

서론

1. MZ세대는 밀레니얼(Millennial) 세대와 Z세대를 아우르는 표현으로서 1981년부터 2010년 사이에 태어난 세대를 가리킨다.
2. 이상신 외 4인, 『KINU 통일의식조사 2020: 주변국 인식 비교연구』(통일연구원: 2020), 45.

제1부 남북통합목회의 이론적 배경

3. 통합은 영어로 integration으로 쓰이는데, 이는 '전부(whole)'를 의미하는 라틴어 integer에서 발전한 integratio에서 유래하였다. 이 단어는 이후 '전체를 이루는 부분들을 모으는 행위'라는 의미를 가진 integration으로 발전하였다. 이 역시 여러 부분들이 모여서 하나 됨을 이뤄가는 모습에 초점이 맞춰져 있다.
4. 김학노, "'서로주체적 통합'의 개념," 《한국과 국제정치》 27권 3호(2011), 36.
5. 전태국, 『사회통합과 한국 통일의 길: 내적 장벽을 넘어서』(한울아카데미, 2013), 117.
6. 이재열, 『미래사회의 변화추세와 새로운 사회통합원리의 모색』(나남, 2000), 30.
7. 김혁, "한반도통일을 위한 대안적 이론체계의 모색: 인식론과 방법론을 중심으로," 《통일경제》 3월호(1997), 65-73;
김학노, "'서로주체적 통합'의 개념," 《한국과 국제정치》 27권 3호(2011), 38에서 재인용.
8. 현재 북한대학원대학교의 남북한마음연구센터가 이러한 연구의 흐름을 주도하고 있다.
9. John W. Berry, "Acculturation: Living Successfully in Two Cultures," *International Journal of Intercultural Relations* 29 (2005), 697-712.
10. *Ibid*, 708.
11. 이진석, "제5장 탈북자 문제와 사회통합 간의 상관성," 《통일전략》 14권 4호(2014), 131.

12. 이주영,『현대목회학』(성광문화사, 2003), 13.
13. 하광민, "통일선교목회란 무엇인가", ",『통일선교목회, 지금부터 시작하라』(쥬빌리통일구국기도회, 2014), 44.
14. *Ibid.*
15. 정종기 외 3인,『목회, 정말 원하십니까? 통일목회하십시오』(청미디어, 2017), 247.
16. 남북통합목회라는 용어를 사용하기 이전에 비슷한 개념으로 "통일선교목회"(하광민, 2014)와 "통일목회"(송원근, 2016)가 있다. 통일선교목회는 "분단되어 서로 달라진 남과 북을 그리스도의 복음으로 하나 되게 함이며 그로 인해 궁극적으로 모든 성도가 한반도에 하나님나라가 임하는 것을 소망하고 구체적으로 실천을 이행하는 목회적 활동"으로 정의한다. 이 목회는 탈북민 성도를 포함하는 형태의 선교적 행위에 초점을 맞춘다.『통일선교목회, 지금부터 시작하라』(쥬빌리통일구국기도회, 2014), 44. 반면 통일목회는 "통일목회는 통일선교에만 한정한 것이 아니다. 우선적으로 북한을 품고 목회를 하자는 것이다. 우리나라는 분단이란 특수한 상황을 겪고 있다. 때문에 남한만을 위해 기도하는 것이 아니라, 북한을 품는 것 자체가 통일목회의 시작이다." 목회의 개념을 통일목회라는 새로운 시각을 제공한 것은 장점이나 그 개념의 범위는 너무 포괄적이고 통일선교 현장에 구체적 적용이 쉽지 않은 단점이 있다. "정말로 목회를 원하십니까! 통일목회 하십시오!",《고신뉴스》2017년 11월 27일 기사.
17. 김병원,『목회학』(개혁주의신행협회, 2008), 13.
18. 김병원,『목회학』(개혁주의신행협회, 2008), 34.
19. 김성수, "만일 이스라엘이 야훼께 물었다면,"《성경과 신학》88(2018), 49.
20. 김정원, "구약 본문의 이방인 이해를 통한 다문화 수용정책,"《성경과 신학》81(2017), 129.
21. 박영복, "목자되신 하나님의 백성: 에스겔 34장의 신학적인 담화,"《Canon&Culture》9권 1호(2015), 179.
22. 정기문, "예수와 이방인의 구원,"《대구사학》110(2013), 7.
23. 노재관, "사도행전에 나타난 예루살렘교회의 갈등에 관한 연구,"《칼빈논단》27(2008), 159.
24. 장훈태, "순례자적 지도자로서 바나바의 선교사역 연구,"《진리논단》13(2006), 840.
25. 이성찬,「누가의 성령론적 윤리」(장로회신학대학교대학원 박사학위논문, 2011), 107-108.
26. Frederick F. Bruce,『사도행전: 하』(아가페북스, 2014), 17. Howard I. Marshall, Acts: *An Introduction and Commentary* (Nottingham: IVP, 2008), 228. 브루스는 이 시므온이 구레네 사람 시몬이라고 말하며, 바울이 로마서 16장에서 "주 안에서 택하심을 입은 루포"(롬 16:13)와 그의 가정에 대해서 자세하게 쓸 수 있었던 이유는 그가 시몬을 안디옥에서 만나서 교제했기 때문이라고 말하고 있다.
27. Carl H. Kraeling, "The Jewish Community at Antioch," *Journal of Biblical Literature* 51 no. 2 (1932), 136.
28. 권주은,「다문화교회의 모델로서의 안디옥교회」(건신대학원대학교 박사학위논문, 2020), 72.

제2부 남북통합목회의 첫 번째 물결

29. 물론 이 질문을 하기 전에 '과연 북한의 공식 교회를 정상적인 교회로 볼 수 있을 것인가?' 또는 '통일 이후에 북한에 교회를 어떻게 세울 것인가?' 등 여러 쉽지 않은 문제부터 다루어야 할 것이다.
30. 강인철,『한국의 개신교와 반공주의』(중심, 2007), 428.
31. 조형, 박명선, "북한출신 월남인의 정착과정을 통해서 본 남북한 사회구조의 비교," 변형윤『분단시대와 한국사회』(까치, 1977), 150.

32. 장금현, "월남기독교인의 남한정착과정 연구: 이북신도대표회를 중심으로," 《대학과 선교》 37(2018), 112.
33. 노치준, "한국전쟁이 한국종교에 미친 영향," 『한국전쟁과 한국사회변동』(풀빛, 1992), 243.
34. 강인철, "남한사회와 월남기독교인-극우반공체제하의 교회활동과 반공투쟁," 《역사비평》(1993), 117.
35. 충현교회, 『김창인목사와 충현교회』(서울:충현교회, 1997), 71.
36. 강인철, 『한국의 개신교와 반공주의』, 496.
37. 성도교회, 『성도교회 70년사』(성도교회, 2017), 13.
38. 김충만 & 대전제일교회사료편찬위원회, 『대전제일교회60년사』(대전제일교회, 2000), 94.
39. 이 글은 포타미션의 김영식 목사, 뉴코리아교회의 정형신 목사, 통일부의 북한이탈주민 정착지원 실무편람, 북한선교개론의 정종기 교수, 새희망나루교회 마요한 목사, 인터넷 등의 자료를 기반으로 편집한 글이다. 이 글에서는 '탈북민'이라는 호칭을 주로 사용할 것이다. 호칭과 정체성에 대한 쟁점은 본 연구의 뒷부분에서 더 상세히 다룰 예정이다. 교회 내의 탈북민은 '탈북민 성도'로 지칭하고, 이와 대비되는 의미에서 기존 한국교회의 성도들은 '남한 성도'로 지칭할 것이다.
40. "북한이탈주민의 보호 및 정착지원에 관한 법률(북한이탈주민법)" 제2조.
41. 조기연, 「북한이탈주민의 실태와 선교전략연구」(아세아연합신학대학교 석사논문, 2000), 85.
42. 곽해룡. "중국에 있는 북한 이탈부민 인권실태에 관한 연구: 신 이산가족 현상의 발생을 중심으로," 《평화문제연구》 12권 1호(2000), 248. 조기연, 「북한이탈주민의 실태와 선교전략연구」(아세아연합신학대학교 석사논문, 2000), 72.
43. 박예영, 「탈북민 그리스도인들의 신앙체험에 관한 연구」(감리교신학대학교 석사학위논문, 2015), 25.
44. Ibid., 26-35.
45. "국제 가족 송금의 날, '탈북민 송금 수수료 세계 최고 수준'" 온라인 주소는 다음과 같다: https://www.voakorea.com/a/2826108.html
46. 이동훈, "탈북자 인권을 바라보는 또 다른 시각 1" 온라인 주소는 다음과 같다: http://namoon.tistory.com/607

제3부 남북통합목회의 두 번째 물결: 한국교회 내 탈북민 부서

47. 교회 내 탈북민 사역을 먼저 시작한 교회들은 다음과 같다. 1999년에 순복음교회에 자유시민대학이 세워졌으며, 영락교회에서는 '자유의 사람' 성경공부가 시작되었다. 2001년에 남서울은혜교회 통일선교위원회가 시작되었고, 2003년에는 온누리교회에 하나공동체가 세워졌다. 그 외에 2004년에 수영로교회에는 북한선교부가 시작되었으며, 2005년에는 사랑의교회 북한사랑의선교부가 시작되었다. 하광민, "교회 탈북민부서를 넘어 통일한반도 교회 모형을 준비하라," 《선교신문》 2015년 4월 1일자. 온라인 주소는 다음과 같다: https://www.missionnews.co.kr/news/474248
48. 남북하나재단(전 북한이탈주민지원재단)에서 매년 발표하는 『북한이탈주민의 정착실태조사』 보고서에 따르면, 탈북민 중에 자기 종교를 '기독교'로 응답한 비율은 2011년 42.7%에서 2014년 34.8%로 감소했다. 반대로 '무종교'라고 응답한 사람은 2011년 47.5%에서 2014년 58.5%로 증가했다. 안타깝게도 2015년 이후 조사에는 탈북민의 종교에 대한 질문을 더 이상 포함시키지 않고 있다. 현재로서는 2014년의 통계가 가장 최근 자료에 해당한다. 하지만 대부분의 현장 목회자들은 실제로 교회에 출석하는 탈북민의 비율이 전체 탈북민의 10%에 못 미치는 것으로 본다.
49. 온누리교회 남양주(북사랑), 부천(한사랑), 대전(한누리) 캠퍼스에서 탈북민 사역이 시작되었다.

50. 하광민, "북한이탈주민을 매개로 하는 북한선교 구도의 변화," 《복음과 선교》 48(2019), 364.
51. 하광민, "북한이탈주민을 매개로 하는 북한선교 구도의 변화," 366.
52. 하광민, "통일한국시대와 한국교회의 미래," 《한국기독교목회자협의회》 2015년 6월 23일자. 온라인 주소는 다음과 같다: http://www.kpastor.org/news/articleView.html?idxno=969
53. 하광민, "통일을 준비하는 교회와 목회," 《제3회 목회자통일준비포럼》(2016), 93.
54. 숭실대 기독교통일지도자훈련센터는 (주)지앤컴리서치에 의뢰하여 2020년 10월 8일-13일까지 총 500명(유효 표본)의 목사를 대상으로 통일선교사역 현황을 조사(95% 신뢰수준에서 ±.37%p)하였다. 숭실대 기독교통일지도자훈련센터, 《한국교회 통일선교사역 실태조사》(2020).
55. 영락교회에서 쓰는 '자유인'이라는 호칭은 좋은 의도와 의미를 가진 단어지만, 특정 가치를 탈북민들에게만 부과한다는 측면에서 상반된 관점으로 바라볼 여지가 있다. 북한이라는 폐쇄적이고 자유롭지 못한 사회를 벗어나 자유를 찾고, 더 나아가 하나님 안에서 '참 자유'를 경험한 이들이라는 측면에서 '자유인'이라는 용어가 가지는 긍정적 함의가 있다. 그러나 "그럼 남한 사람은 아니고 탈북민만 자유인인가?"라고 반문을 할 수 있다. 남한 성도들도 궁극적으로 자유인인 상황 속에서 굳이 탈북민만 자유인으로 호칭하는 것은 다분히 남한 중심적 접근이라는 입장도 있다.
56. 이향규, "[소수자의 눈으로 한국사회를 본다] 탈북자를 넘어서," 《창작과비평》 44권 4호(2016), 541.
57. 이향규, 541.
58. 김의혁, "코로나19 시대의 북한이탈주민 사역," 《선교신학》 60(2020), 100.
59. 여기서 대예배란 주일 오전에 교회 전체 성도들이 드리는 공예배를 지칭하지만 '대예배'라는 표현 자체는 적절하지 않은 측면이 있다. 예배를 '크기'로 나눌 수 없기 때문이다. 그럼에도 불구하고 이 글에서는 관용적으로 사용되는 이 용어를 편의상 사용하기로 한다. 인터뷰 참여자들도 반복적으로 사용했던 표현이다.
60. 온누리교회는 첫째 유형에 해당하지만, 절기마다 녹화된 담임목사의 설교를 탈북민 예배 시간에 듣고, 교회 전체 광고 및 흐름을 공유함으로써 탈북민 예배가 교회 전체의 흐름과 분리되지 않게끔 시도하고 있으니 참고할 만하다.
61. 병원에 열흘 이상 입원하면 10만원을 단회적으로 지원하고 있으며, 교회 복지국과 연결해서 가장 어려운 분들 5명 정도를 교회에서 일정 금액을 지속적으로 지원하고 있다고 한다.
62. 장학생에 대한 지원 원칙은 월 2회 이상 출석 기준이며, 장학생 선발은 매년 2월과 8월에 선정한 후에 6개월간 지급한다. 부서에서 진행하는 신앙프로그램을 이수하거나 성장하면 장학금을 더 지급하는 방식으로 기독인재 양성을 위해 운용된다고 한다.
63. 이는 통일선교사역교회연합에서 2020년 12월 8일에 주최한 '통일선교사역교회연합 정기모임' 중에 "온누리교회 탈북민사역"라는 주제로 고범석 목사가 발표한 내용이다.
64. 성석환, "서문: '선교적 교회'에 대한 이해," 『선교적 교회의 오늘과 내일』(예영커뮤니케이션, 2016), 8
65. '하나님의 선교' 용어는 1952년 The International Missionary Council (IMC) 빌링겐 선교대회에서 처음으로 제기되었다. 하나님의 선교 논의는 1950년대 초반에 등장한 이후로 현대 선교신학을 재구성하도록 이끈 가장 핵심적 신학 개념이다.
66. 성석환, 9.
67. 정승현, "하나님의 선교(The Missio Dei)와 선교적 교회(The Missional Church)-빌링겐 IMC를 중심으로-," 《선교와 신학》 20(2007), 192.
68. 고든 올포트, 『편견』(교양인, 2020).

69. "이론적으로 외집단 구성원과 하는 모든 피상적인 접촉을 '빈도의 법칙'에 따라 부정적인 연상을 강화할 수 있다. 더욱이 사람은 자신의 고정관념을 확인해 주는 표식을 민감하게 지각한다 […] 가벼운 접촉은 외집단에 대한 우리의 사고를 자폐적 차원에 머무르게 한다." 고든 올포트, 420.
70. 고든 올포트, 417.
71. 고든 올포트, 445.
72. 고든 올포트, 367.
73. 고든 올포트, 420.
74. "이 연구자들은 조지아에서 백인 학생과 흑인 학생 양쪽 모두에게 보가더스 사회적 거리 척도 조사를 실시했다. 또한 학생들은 자신이 점수를 매긴 각 집단마다 적어도 다섯 명의 개인적으로 친분이 있는지 질문을 받았다. 학생들은 자신의 지인이 다섯 명 이상 있는 모든 집단에 대해 수용 가능성 척도에서 높은 점수를 주는 일관된 경향을 보였다. 어떤 집단에 대한 개인적 지식이 없으면 그 집단은 존중받지 못했다."(J. S. Gray and A. H. Thomson. The ethnic prejudices of white and Negro college students. Journal of Abnormal and Social Psychology, 1953, 48, 311-313; 고든 올포트, 421에서 재인용)
75. 고든 올포트, 422. 본 연구자도 미국에서 커넥트코리아투게더(Connect Corea Together) 사역을 하면서 탈북대학생들과 한인1.5세 청년들이 열흘간의 여행이 상호 간의 관계에 얼마나 효과적인지를 직접 관찰한 바 있다.
76. 고든 올포트, 438-439.
77. 고든 올포트, 444.

제4부 남북통합목회의 세 번째 물결: 탈북민교회

78. 한국전쟁 이후 월남민들이 남한으로 내려온 첫 번째 북한 주민들이다. 두 번째는 이들 월남 1세대가 사라질 즈음인 90년대에 북에서 내려온 북한 주민들이다. 이들은 첫 세대와 달리 '북한이탈주민'이라 불리지만 흔히 이를 줄여서 '탈북민', '새터민' 등 다양한 호칭으로 불린다. 90년대 이후 북한에서 탈출하여 중국에서 한국 선교사들을 만나 신앙교육을 받은 탈북자들 중에 적지 않은 수가 한국에 들어와서 목회자가 되기 위해 신학 과정을 마치고 목회자가 되었다. 그리고 탈북민 신학생과 목회자들이 연합하여 2011년에 "북한기독교총연합회"(북기총)를 조직하여 운영하고 있다.
79. 북한사역목회자협의회, 『통일을 넘어 열방으로』(아가페북스, 2020), 154.
80. 조요셉, 『북한선교의 마중물』(도서출판두날개, 2014), 20.
81. 조요셉, 59-63.
82. 정형신, "전국 탈북민교회 기본현황과 코로나 19가 탈북민교회 목회현황에 미친 영향," 《제1회 탈북민교회 통일준비포럼 자료집》(2021), 9.
83. 심양섭, "탈북이주민의 한국사회 편입양태와 정책적 시사점," 《사회과학 담론과 정책》 10권 2호(2017).
84. 신난희, "탈북이주민의 지역사회 정착 갈등에 관한 문화적 분석: 자생적 조직 활동과 상호 문화적 실천을 중심으로," 《민주주의와 인권》 16권 2호(2016), 334.
85. 신난희, 340.
86. Ager, A., & A. Strang, "Understanding integration: A conceptual framework," *Journal of Refugee Studies* 21(2) 2008, 170.
87. 이진석, "제5장 탈북자 문제와 사회통합 간의 상관성," 《통일전략》 14권 4호(2014), 135.
88. 김학재, "통합의 다양한 차원: 역사, 비교지역주의적 관점," 《통일과 평화》 12권 10호(2020).

89. 김명남, "북한선교의 신 생태계," 《제2회 탈북민목회자 포럼》(2019), 26.
90. 탈북민 목회자 A와의 인터뷰, 2021년 3월 24일.
91. 탈북민 목회자 D와의 인터뷰, 2021년 3월 24일.
92. 탈북민목회자 B와의 인터뷰, 2021년 3월 24일.
93. 김명남, "한국교회 내 탈북민 목회자의 역할," 《제1회 탈북민목회자 포럼》(2018), 20.
94. 김명남, "한국교회 내 탈북민 목회자의 역할", 21.
95. 김성근. "개척교회와 탈북민 목회자의 역할," 《제1회 탈북민목회자 포럼》(2018), 37.
96. 송영학 & 이홍균, "문화동질성의 공간적 동시성으로서 문화 다양성," 《담론201》 15권 4호(2012), 147.
97. 한준성 & 최진우. "이주민 환대지수 지표체계 개발연구," 《문화와 정치》 5(2018), 12.
98. 위의 글, 13.
99. 한건수, "남북한 문화갈등을 대비하는 통일교육 연구: 문화다양성 관점을 중심으로," 《담론201》 23권 2호(2020), 118.
100. 김성근, 36.
101. 김성근, 32.
102. 정형신, "전국 탈북민교회 기본현황과 코로나 19가 탈북민교회 목회현황에 미친 영향," 《제1회 탈북민교회 통일준비포럼 자료집》(2021), 8.
103. 남한 목회자 H 의 인터뷰, 2021년 3월 25일.
104. 남한 목회자 K와의 인터뷰, 2021년 3월 31일.
105. 남한 목회자 J와의 인터뷰, 2021년 3월 29일.
106. 탈북민 목회자 E와의 인터뷰, 2021년 3월 23일.
107. 남한 목회자 I와의 인터뷰, 2021년 3월 23일.
108. 이철신, "북한교회세우기 세미나-북한에 교회를 세우기 위한 신학적 기초, 정책, 준비를 중심으로," 《숭실대학교 기독교통일지도자훈련센터 주최 행사 자료집》(2021), 7.
109. 정형신, "전국 탈북민교회 기본현황과 코로나 19가 탈북민교회 목회현황에 미친 영향," 《제1회 탈북민교회 통일준비포럼 자료집》(2021), 8.
110. Paul G. Hiebert, 『문화속의 선교』(총신대학교출판부, 1996), 34.
111. 남한 목회자 K와의 인터뷰, 2021년 3월 31일.
112. David J. Hesselgrave, *Communicating Christ Cross-Culturally: An Introduction to Missionary Communication* (Grand Rapids: Zondervan, 1991), 109.
113. 북한문화를 동일문화권으로 보는 관점에서 이제는 타문화권으로 보는 관점이 매우 보편적이다. 북한문화의 타문화성에 대해서 좀 더 자세한 논의는 다음을 참고하라. 김영호, "타문화권 선교로 접근해야 할 북한선교," 《선교신학》 38(2015).
114. 남안 목회자 L과의 인터뷰, 2021년 4월 23일.

제5부 남북통합목회의 새로운 물결

115. 고든 올포트, 『편견』, 438-439.
116. 고든 올포트, 445.
117. 김의혁, "북한이주주민을 향한 환대의 선교," 《선교신학》 47(2017), 146-173.
118. 하충엽, "신구이주민들: 영락교회에서 보편적 공동체를 창출하기 위한 다양성의 수용," 《선교와 신학》

32(2013).
119. 고든 올포트, 428.
120. 한 예로, 탈북민 대학생의 경우 탈북민 부서에 출석해야만 재정 지원을 받기 때문에 정작 같은 시간대에 있는 남한 대학생들이 모이는 대학부에 참석하는 것을 포기하기도 한다.

"대학부에 가고 싶은 아이가 있는데 대학부에 가면 장학금 혜택을 못 받아요. OOO부[탈북민 부서] 소속이 아니라서. 대학생이어도 좋으면 대학부 갈 수 있는데… 그럼 OOO부의 금전적인 혜택을 못 받아요. 이왕 교회 다닐 거 20만 원 받아야겠다. 오히려 울타리를 더 높이고 여기[탈북민 부서]에만 더 뭉치게 하는 요소로 작용하더라고요. 똑같은 OO교회인데 이 친구가 대학부 가면, OOO부에서 안 주는 거예요. 이쪽으로 오게끔 하는 동기부여가 되는 걸 알겠어요. 인원의 압박과 OOO부의 부흥과 성장 때문인 부분이 있죠."

121. 교회 전체적으로 선교적 정체성을 가지기 위해서는 담임 목회자의 목회 철학부터 이러한 부분들이 반영되어야 한다. 통일선교에 대한 이해가 전혀 없는 목회자들이 탈북민 부서 사역을 전체 목회의 틀에서 담아내기란 쉽지 않다. 담임 목회자들을 위한 적절한 교육과 목회적 실천 방안의 제공이 필수적이다. 이 부분과 관련하여, 숭실대 기독교통일지도자훈련센터는 도시별 통일리더십포럼을 통해 지역별 담임목회자의 네트워크를 구축함으로써 담임목회자들의 통일선교에 대한 인식을 확산할 계획을 가지고 있다.
122. 고든 올포트, 437-438.
123. 1990년 중반에 한국기독교총연합회 중심으로 북한교회재건운동이 일어나 분단 전 북한의 3000여 개 교회를 발굴하여 남한교회에게 할당하는 방식으로 북한교회를 재건하겠다는 계획이었다. 자세한 것은 다음을 참고하라. 한국기독교총연합회 북한교회재건위원회, 『북한교회재건백서』(진리와자유, 1997); 김중석, 『북한교회재건론』(진리와자유, 1998).
124. 남한 목회자 K와의 인터뷰, 2021년 3월 31일.
125. 탈북민 목회자 F와의 인터뷰, 2021년 3월 23일.
126. 이철신, "북한교회세우기", 《북한교회세우기세미나-북한에 교회를 세우기 위한 신학적 기초, 정책, 준비를 중심으로》(2021), 5. 이 세미나는 숭실대 기독교통일지도자훈련센터와 북한기독교총연합회가 주최했다.

참고문헌

단행본

강인철, 『한국의 개신교와 반공주의』(중심, 2007).
강창섭, 『선교학연구방법론』(기독교문서선교회, 2018).
김병원, 『목회학』(개혁주의신행협회, 2008).
고든 올포트, 『편견: 사회심리학으로 본 편견의 뿌리』(교양인, 2020).
남북하나재단, 『2014 북한이탈주민 실태조사』(남북하나재단, 2014).
노치준, "한국전쟁이 한국종교에 미친 영향," 『한국전쟁과 한국사회변동』(풀빛, 1992).
변형윤, 『분단시대와 한국사회』(까치, 1977).
북한사역목회자협의회(편), 『통일을 넘어 열방으로』(아가페북스, 2020).
북한사역목회자협의회(편), 『통일선교목회, 지금부터 시작하라』(쥬빌리통일구국기도회, 2014).
북한이탈주민지원재단, 『2011 북한이탈주민 생활실태조사 기초분석 보고서』(북한이탈주민원재단 연구지원센터, 2011).
성도교회, 『성도교회 70년사』(성도교회, 2017).
성석환, "서문: '선교적 교회'에 대한 이해," 『선교적 교회의 오늘과 내일』(예영커뮤니케이션, 2016).
이재열, 『미래사회의 변화추세와 새로운 사회통합원리의 모색』(나남, 2000).
정종기, 『북한선교개론』(아세아연합신학대학교, 2019).

정종기 외 3인, 『목회 정말 원하십니까? 통일목회하십시오』(청미디어, 2017).
조요셉, 『북한선교의 마중물』(도서출판두날개, 2014).
충현교회, 『김창인 목사와 충현교회』(충현교회, 1997).
Bruce, Frederick F., 『바울』(크리스챤다이제스트, 2010).
Bruce, Frederick F., 『사도행전: 하』(아가페북스, 2014).
Hiebert, Paul G., 『문화속의 선교』(총신대학교출판부, 1996).
Hesselgrave, David J., *Communicating Christ Cross-Culturally: An Introduction to Missionary Communication* (Grand Rapids: Zondervan, 1991).
Marshall, Howard I., *Acts: An Introduction and Commentary* (Nottingham: IVP, 2008).

기사, 논문

강성열, "구약성서의 이주민 신학과 다문화선교의 실천"《종교문화학보》15(2018), 전남대학교종교문화연구소.
강인철, "남한사회와 월남기독교인-극우반공체제하의 교회활동과 반공투쟁,"《역사비평》(1993), 역사비평사.
권주은, 「다문화교회의 모델로서의 안디옥교회-바울의 다문화적인 사역의 원인과 그 결과를 중심으로」, 건신대학원대학교 박사학위논문, 2020.
김명남, "한국교회 내 탈북민 목회자의 역할,"《제1회 탈북민목회자 포럼》(2018), 탈북민목회자포럼.
_____, "북한선교의 신 생태계,"《제2회 탈북민목회자 포럼》(2019), 탈북민목회자포럼.
김성근, "개척교회와 탈북민 목회자의 역할,"《제1회 탈북민목회자 포럼》(2018), 탈북민목회자포럼.
김성수, "만일 이스라엘이 야훼께 물었다면,"《성경과신학》88(2018), 한국복음주의신학회.
김영호, "타문화권 선교로 접근해야 할 북한선교,"《선교신학》38(2015), 한국선교신학회.
김의혁, "북한이주주민을 향한 환대의 선교,"《선교신학》47(2017), 한국선교신학회.
_____, "코로나19 시대의 북한이탈주민 사역,"《선교신학》60(2020), 한국선교신학회.
김정원, "구약 본문의 이방인 이해를 통한 다문화 수용정책,"《성경과 신학》81(2017), 한국복음주의신학회.
김충만 & 대전제일교회사료편찬위원회, 『대전제일교회 60년사』(대전제일교회, 2000).

김태환, "한국 이미정책의 통합적 작동을 위한 조건탐색"《국정관리연구》 12권 1호(2017), 성균관대학교 국정관리대학원.

김학노, "'서로주체적 통합'의 개념.《한국과 국제정치》 27권 3호(2011), 경남대학교 극동문제연구소.

김학재, "통합의 다양한 차원: 역사, 비교지역주의적 관점."《통일과 평화》 12(10), 2020.

노재관, "사도행전에 나타난 예루살렘교회의 갈등에 관한 연구."《칼빈논단》 27(2008), 칼빈대학교.

박영복, "목자되신 하나님의 백성: 에스겔 34장의 신학적인 담화."《Canon&Culture》 9권 1호(2015), 한국신학정보연구원.

송영학 & 이홍균, "문화동질성의 공간적 동시성으로서 문화 다양성"《담론201》 15권 4호(2012), 한국사회역사학회.

신난희, "탈북이주민의 지역사회 정착 갈등에 관한 문화적 분석: 자생적 조직 활동과 상호 문화적 실천을 중심으로"《민주주의와 인권》 16권 2호(2016), 전남대학교 5.18연구소.

심양섭, "탈북이주민의 한국사회 편입양태와 정책적 시사점"《사회과학 담론과 정책》 10권 2호(2017), 경북대학교 사회과학연구원.

숭실대 기독교통일지도자훈련센터, 『한국교회 통일선교사역 실태조사』(2020), 숭실대 기독교통일지도자훈련센터.

이성순, "이주민 사회통합정책에 관한 연구: 에이그와 스트랭의 사회통합분석률 적응"《사회과학연구》 24권 3호(2013), 충남대학교사회과학연구소.

이성찬, 「누가의 성령론적 윤리」, 장로회신학대학교대학원 박사학위논문, 2011.

이진석, "제5장 탈북자 문제와 사회통합 간의 상관성,"《통일전략》 14권 4호(2014), 한국통일전략학회.

이철신, "북한교회세우기 세미나-북한에 교회를 세우기 위한 신학적 기초, 정책, 준비를 중심으로"(2021), 숭실대학교 기독교통일지도자훈련센터.

이향규, "소수자의 눈으로 한국사회를 본다 - 탈북자를 넘어서,"《창작과비평》 44권 4호(2016), 창비.

정기문, "예수와 이방인의 구원,"《대구사학》 110(2013), 대구사학회.

정승현, "하나님의 선교(The Missio Dei)와 선교적인 교회(The Missional Church)-빌링겐 IMC를 중심으로-,"《선교와 신학》 20(2007), 장로회신학대학교 세계선교연구원.

정용석, "통합교육은 좋은 것이고 분리교육은 나쁜 것인가?"《특수교육학연구》 47권 4호(2013), 한국특수교육학회.

장금현, "월남기독교인의 남한정착과정 연구: 이북신도대표회를 중심으로,"《대학과 선교》37(2018), 한국대학선교학회.

장훈태, "순례자적 지도자로서 바나바의 선교사역 연구,"《진리논단》13(2006), 천안대학교.

조기연,「북한이탈주민의 실태와 선교전략연구」(아세아연합신학대학교 석사논문, 2000)

최홍원, "동질성과 이질성의 길항과 통일 문학교육의 도정,"《한국문화교육학회 제80회 학술대회》(2018), 한국문화교육학회.

하광민, "북한이탈주민을 매개로 하는 북한선교 구도의 변화,"《복음과 선교》48(2019), 한국복음주의선교신학회.

＿＿＿, "통일을 준비하는 교회와 목회"《제3회 목회자통일준비포럼》(2016), 숭실대 평화통일연구원.

하충엽, "신구이주민들: 영락교회에서 보편적 공동체를 창출하기 위한 다양성의 수용,"《선교와 신학》32(2013), 장로회신학대학교 세계선교연구원.

한건수, "남북한 문화갈등을 대비하는 통일교육 연구: 문화다양성 관점을 중심으로,"《담론201》23권 2호(2020), 한국사회역사학회.

한기덕, "이주민 혐오표현에 대한 연구,"《한국사회학회 사회학대회논문집》(2017), 한국사회학회.

한준성 & 최진우, "이주민 환대지수 지표체계 개발연구,"《문화와 정치》5(2018), 한양대학교 평화연구소.

Ager, A., & Strang, A., "Understanding integration: A conceptual framework," *Journal of Refugee Studies* 21 no. 2 (2008).

Kraeling, Carl H., "The Jewish Community at Antioch," *Journal of Biblical Literature* 51 no. 2 (1932).

인터넷

김학재, "통합의 다양한 차원: 역사, 비교지역주의적 관점"
https://ipus.snu.ac.kr/wp-content/uploads/2020/07/김학재.pdf
〈두산백과(네이버 지식백과)〉"게토" 항목
https://terms.naver.com/entry.nhn?docId=1059235&cid=40942&categoryId=31642
〈위키백과〉"제노포비아" 항목

https://ko.wikipedia.org/wiki/제노포비아

하광민, "통일한국시대와 한국교회의 미래," 〈한목협(한국기독교목회자협의회)〉
http://www.kpastor.org/news/articleView.html?idxno=969

_____, "교회 탈북민부서를 넘어 통일한반도교회 모형을 준비하라," 〈선교신문〉
https://www.missionews.co.kr/news/474248

지민근, "정말로 목회를 원하십니까? 통일목회 하십시오!," 〈고신뉴스〉 2017년 11월 27일.
http://www.kosinnews.com/news/articleView.html?idxno=9585

"북한기독교총연합회" 홈페이지
http://www.ccnk.kr/

남북통합목회의 물결
한반도의 복음화를 고대하는 목회적 비전의 결정판

1쇄 인쇄 2021년 11월 25일
1쇄 발행 2021년 11월 30일

지은이 정종기 하광민 김의혁 마요한

펴낸이 한정숙
펴낸곳 선한청지기
등록 제 313-2003-000358 호
주소 서울특별시 마포구 동교로 12 길 41-13(서교동)
전화 02)322-2434 (대표)
팩스 02)322-2083
SNS https://www.facebook.com/sunhanpub
이메일 kukminpub@hanmail.net

기독교 총판 생명의 말씀사

ⓒ 정종기, 하광민, 김의혁, 마요한, 2021

ISBN 979-11-87022-42-8 (03230)

※ 이 책은 저작권법에 따라 보호받는 저작물이므로 무단전재와 무단복제를 금지하며,
  이 책의 전부 또는 일부를 이용하려면 국민출판사(선한청지기)의 서면 동의를 받아야 합니다.

※ 잘못된 책은 구입한 서점에서 교환하여 드립니다.